お尻を使って
ゆるく走るだけ

はじめての
やせラン

三津家貴

［協力］志村美希

KADOKAWA

おしゃべりできるぐらいの
ゆるいペースでOK!

正しいフォームを覚えたら
全力で走らなくてもやせるから
がんばらずに続けられる!

ひとりでも
仲間と一緒でも
まず”走る”ことを楽しんで！

走ってやせるから
罪悪感なく
食事も楽しめる！

PROLOGUE

はじめに

人生をより豊かに、自分のことをもっと好きになるもの。それが、僕にとってのランニングです。

この本を手にとってくださった方の中には、走ることはツラくて苦しいもの、というネガティブなイメージを持たれている方もいるかもしれません。走ってやせるためには、努力を毎日たくさん続けなくてはいけないと思っている方も多いのでは…。ですが、そんなことはありません。ここでご紹介するのは、ゆるく続けられる“やせラン”です。いつから、どこで始めてもOK。週にたった2回だけ、1回5分だけでも、ゆる〜くていいんです。まずは楽しいと感じて走ることが大切。そして、ツラいと感じないためのたくさんのコツをご紹介していきます。

ゆるいやせランを日常生活にとり入れて、一緒に人生を豊かにしていきましょう！

三津家《みつか》 貴也《たかや》

mma

CONTENTS

STAFF
装丁 喜來詩織(エントツ)
本文デザイン 中村明子、杉浦恵美子(ともにvivace)
漫画・イラスト たけいみき
撮影 高橋賢勇
執筆協力 今牧潤(bowl company)
編集・構成 樋口紗季(vivace)
校正 鷗来堂
企画 大澤政紀(KADOKAWA)

INTRODUCTION

がんばらない"やせラン"の始め方

熊本県出身の28歳です
筑波大学でランニングについて研究してきました
こんにちは！いちにち、ふつか、三津家《みつか》です！
みつか
TikTok YouTubeなどで主に活動してます！
ランニングの魅力を日本に広めるための活動をしている三津家《みつか》貴也《たかや》と申します
僕は高校から陸上を始めて、現在でも多いときは週に1回のペースで大会にも出場しています
2013年 インターハイ
今の体型をキープできているのはランニングのためにきついトレーニングや食事制限をしていると思われがちですが

実は僕…
お酒大好き!
お菓子大好き!
ごはん大好き!
お菓子なんて
ほぼ毎日食べてる
お菓子
ポテチ
ラーメン
ビール
ステーキ
白米
普段から
食事制限をして
ないんです!
この本ではキツい運動なし
食事制限なしで走るだけで
高3
60キロ
10年たっても
変化なし
現在
60キロ
体型をキープ&やせていく…
そんなランニングの魅力を紹介します!

僕の活動がきっかけで
ランニングを始めた
30代の女性の方
2ヵ月で…
−10キロ
30代
女性
なんと約2ヵ月で10キロ
やせた方もいるんです！
すごーい
ランニングは体重を減らすだけではなく
姿勢改善や生活習慣が整うことはもちろん
姿勢がキチンと
カラダがラク〜
体の不調しらず
早起きが習慣に
太陽の光
きもちいい
外を走ることでリフレッシュもできます！
運動が苦手な人や久々に運動してみたい方に
ランニングはとってもおすすめ！

僕が長年研究してきて分かった
ゆるくても継続することで
必ず効果が出る
ランニング方法を
ご紹介します！
論文
普段から一緒に活動する機会の多い
女性ランナー
志村美希さんに
今回は生徒役と
モデルをお願いしました！
大学でも陸上部に
所属していて今でも
バリバリ走っています
では三津家が教える
がんばらないやせラン本編
スタートです！
んーやってみよう
最後に志村さんとの特別対談も
あるのでお見逃しなく★

やせランを始めると訪れるうれしいこと！

体重・体型が変化するだけではなく、ゆる〜く続けられるやせランには、
私たちの体にも、心にもうれしいことがたくさん！

やせラン 1

「体が自然と引き締まってくる」

やせランの第一のうれしい効果はもちろん体がスッキリとすること！ 全体的に引き締まり、むくみもスッキリ。

やせラン 2

継続していると食事を気にせず体型がキープできる

無理な食事制限は筋力を落としてしまう可能性も。やせランが習慣化されれば、多少の食べ過ぎもゆるっと走ればチャラになる！

やせラン 3

下半身の筋肉や体幹が付くから脂肪燃焼効果がアップする

お尻や太ももの大きな筋肉、体幹が付く走りをすることで普通に生活しているだけでも脂肪燃焼が叶うかも！

やせラン 4

正しいフォームで走ると余分な筋肉と脂肪がつかずスタイルアップが叶う！

正しいやせランの走り方を実践することで脂肪も落ちて、必要なところに筋肉が付くからバランスの良い体型になれる！

やせラン 5

自己肯定感も自然とアップ！

マイペースに続けてOK。走る時間も決まりなし！ だから達成感も身に付く。がんばった自分も、休んだ自分も褒めてあげよう。

やせラン 6

「いつでも上達できる」

やせランの基本、比較対象は自分だけ。楽しいなと思えたら上達のチャンス！ 新しいトレーニングをとり入れてレベルアップ！

やせラン 7

「コスパが良くいつでも始められる」

動きやすい服と、走りやすいシューズさえあれば、いつでもどこでもサクッとできるから、すき間の時間で気軽にできる。

レベル別 RUNポイント

どのぐらいの運動ができるんだろう？と疑問に思った方もご安心。
して挫折しないためのポイントをご紹介。

CHECK

こんな人は RUN初心者さん

- 1日15分以上の運動をしていない
- 階段や坂道、ちょっとの運動ですぐ息が切れる
- 全体的に筋肉がなくよく物につまずく
- 歩きの外出を避けてしまう
- 立ち上がるときに机などに手をついてしまう

POINT 1

まずはウォーキングから！息が上がったら休憩してもOK

最初から高い目標を設定せず、歩くことが楽しいと思えるようになりましょう。初めは散歩やウォーキングで十分！ のんびり街を散歩したり、好きな音楽を聴いたり、近所のパン屋まで歩いてみるなど工夫して。

POINT 2

距離やペースを気にせずまずは習慣づけよう

「毎日走ろう」「毎週○km走ろう」など高すぎる目標設定はやめて、気持ちよく、楽しく続けることを大切にしてみて。習慣化していくと自然と走れる距離が増えていきます。がんばらないでいいんです！

POINT 3

歩くときに正しい姿勢と脚の動かし方を覚える

正しい姿勢、正しいフォームを覚えておくと歩くだけでもしっかり全身運動ができます。ランニングで下半身だけが太くなったり、前ももが張るのは間違った走り方をしているから！

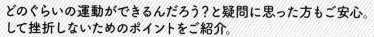

自分の運動レベルに合わせてランニングをしよう！

走る前に知っておきたい！

走ってやせたいと決心したのはいいけど、自分って
自分のペースで走るために、運動レベルをチェック

CHECK

こんな人はRUN中級者さん

- ☑ 10年以上前に運動をやっていた
- ☑ 歩くのは好きだが目標がないと長く歩けない
- ☑ 運動自体は好きだが歩く機会があまりない
- ☑ 運動が好きだから張り切りすぎて挫折しがち
- ☑ 運動すると体の外側に筋肉が付く

POINT 1

運動ができたときの自分を忘れて歩く・走ることを楽しもう

以前運動をやっていたことがある人は、動けていたときの自分で目標設定することが多い。自分で負荷をかけすぎて挫折することが難点なので、まずは歩く・走ることを楽しみましょう！

POINT 2

ウォーキングの途中にジョギングをとり入れる

ウォーキングの合間にジョギングを入れて徐々に体を慣らしてみよう。音楽を聴いて曲のサビだけ走る、この道だけランニングするなど短い距離から始めて。楽しみながら走ることで習慣づけられます。

POINT 3

速く走る・長く走る意識よりきれいに走ることが大切

初心者はもちろん中級者はさらに正しい姿勢できれいに走ることがやせへの近道！ 間違ったフォームは反り腰にさせ、前ももやふくらはぎを太くさせる原因に。自分の歩き方や走り方を変えることで日常生活から自然とやせに近づきます！

COLUMN

01

三津家貴也の

ランニング＆食事に1日密着

8:00

朝起きたらカフェイン摂取！

朝は基本食べずに1日2食が多いです。起きたらコーヒーなどを飲んでいます。疲労を感じないように栄養ドリンクでも元気をチャージ(笑)

よく飲むのはこれ！

すき間の時間でお仕事タイム♪

9:00

動画の編集などお仕事タイム

目が覚めたところでストック動画の編集や、仕事のメールをチェックします。昼か夜に練習をするので空いた時間にやれることを終わらせます！

PART 1

やせランを始める前に
知っておきたいアレコレ

PART 1

走る前にチェックしたいRUN知識

まずは気負わずに、よ～し、やってみよう！そんな気持ちでスタート。
そのために必要なマインド、アイテムをチェックしよう。

まずはちょびっとだけ走ってみない？

ランニングの良いところ、それは比較対象が自分自身というところにあります。走ってみて楽しかった！という気持ちも、達成感も自分だけで味わえるもの。もちろん、友達と一緒に走ればその喜びを共有することだって可能です。まずは5分だけ、走ってみる。目安のペースは息が上がらずに、誰かと一緒なら楽しく会話ができるくらいで。キツいと感じたら歩いてもOK！1日24時間のうちのほんの5分。ランニングのアイテムと楽しむぐらいの気持ちでやってみよう！

テンションが上がる
アイテムを揃える

トップスとボトムの最低限2種類でも、色や柄サイズ感などファッションを楽しむようにウエアを選ぼう。

24ページへ

自分の足の形に合う
シューズを履く

軽く、自分にぴったりなサイズの靴を選ぶのが大事。そして何よりも好きなデザインの靴を探してみて！

28ページへ

ウォーミングアップをして
体を動かす準備をする

初心者向けのやせランは、気合いの入った準備運動は不要。ただし、自分の体の状態チェックはお忘れなく。

32ページへ

まずは用意したい基本のアイテム

数ある運動の中でも、少ないアイテムで始められるのもランニングの魅力のひとつです。基本となる3つだけをまずは揃えてみましょう。ファッションにこだわるとやる気もアップ！

トップス・パンツ シューズだけでOK

始めるのに、まず必要なのは、トップス、パンツ、そしてシューズ。たったこれだけでスタートできちゃいます。もちろん、季節によっては袖丈などが変わってきますが、基本は軽くて動きやすい格好ができればOK！　重ね着をして体温を調整する、雨が降りそうだったら防水の軽いジャケットを用意するなどもアリ。走っていると体が温まってくるので少し涼しく感じるくらいの服装でさっそくやせランをやってみよう！

これさえあればOK!

ランニング基本アイテム

TOPS
トップス

軽くて撥水性の高いトップスと、女性の場合はスポーツブラを準備。初めはホールド力の高いブラが走りやすくておすすめです。

PANTS
パンツ

自分の動きをチェックするには、スウェットよりレギンスが便利。カバーアップのショートパンツと合わせてみて。

SHOES
シューズ

ランニングシューズの中には、練習用とレース用があるので、まずは練習用シューズを見つけよう。選び方のポイントは29ページへ！

POINT!

日焼けを防ぐなら、長袖やロングパンツを選んでみて。ただし、走ると体は必ず温まるので、寒い時期や時間でも、暖かすぎる服装は避けたほうがベター。ウエアではなく、ネックウォーマーなどの小物で調整しよう。

志村美希さんリアル買い おすすめ

レディースアイテム

LADIES' ITEM

快適さとおしゃれさを両立したい！ そんなときは女性ランナーのおすすめのウエアをチェックすれば、役立つヒントがたくさん。

❶ ❷

BASIC ITEM

ベーシックアイテム

「ファッションも楽しみたいから色が可愛いヨガウエアなどもとり入れています。競技と練習で服を分けてメリハリをつけることもあります！」

❸ ❹

❶❷加圧が強いものは競技用に。ポケット付きなら、スマホだけ持ってランニングも気軽にできます❸軽めのランは着心地の良いタイプ、レースのときにはホールド力の強いものと使い分けています。これはホールド力の強いスポーツメーカーのもの❹ヒップやお腹カバーにもなるショートパンツはトップスと同じ柄を選んでセットアップとして組み合わせるのも好き！

WINTER ITEM
冬アイテム

「冷え性なので走っていても手足やお腹がひんやりすることが多いです。あったかいけど可愛く見えるものを選ぶようにしています♪」

❶手袋の代わりにもなるロングスリーブ。指を入れられるだけでなく、指先までカバーできて温度調節も楽ちん❷首を温めておくと体感温度が変わる！と感じるのでネックウォーマーは軽めのものを常備❸レッグウォーマーは走っているときに上がってこないように足裏にかけるタイプをチョイス❹寒い&風が強いときはイヤーマフを。コンパクトになるものがおすすめ

SUN SCREEN ITEM
日焼け止めアイテム

「日焼け止めは用途で使い分け。塗り直し用、長時間走る用など色々な種類があります。日焼けした日は必ずパックをして肌へ水分補給を！」

❶海外で購入した高SPFタイプはレースなど塗り直しが難しいときに❷肌が敏感になっているときには、刺激の少ないタイプ❸汗をたくさんかく時期にはウォータープルーフが必須！❹パウダータイプはお直し用に◎。肌も綺麗に見えるのがうれしい

PROFILE

志村 美希
Instagram:
@mikkitygram

陸上系インフルエンサーとして活躍。現役時代は800m選手として日本選手権など数多くの全国大会に入賞。現在はSNS活動のほか、モデルやテレビ出演などでも活動中。

PART 1

自分の足に合ったシューズで走ろう！

足の形に合ったランニングシューズ選びのコツって？ 一般的な形の把握から、ランニングに向いているシューズ選びのポイントまでを知っておこう。

走っても靴の中で足が動かないものがベスト

一般的に日本人に多い足のタイプは3つと言われていて、タイプによって合う靴の形も変わってきます。ただし、これはあくまでも一般論。あなたの足に合うとは限りません。まずはお店に行ってみよう！

ランニングを始めるなら、やせランといえども靴選びはとても重要。僕がいつもおすすめしているのは、ランニングシューズの中でも「練習用」のものを選ぶこと。ここは、店員さんに聞いてみればおすすめを出してくれるはず！

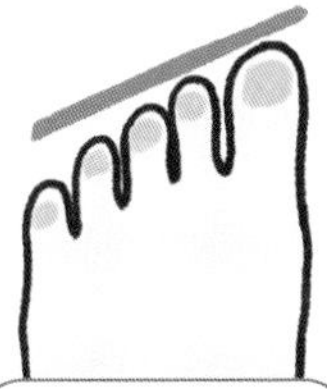

エジプト型

日本人に一番多い形。親指が長く、小指にかけて高さが順になっている。

▼

一番長い親指の爪の先がつまらないようなシューズがおすすめ

スクエア型

足の指が直線上に揃っている。タコや豆ができやすいタイプ。

▼

横幅が広いので小指に余裕のあるシューズがおすすめ

ギリシャ型

人差し指が長く、甲が低く細い傾向があり、欧米人に多い足の形。

▼

足の横幅が狭いため、シューズも細めがおすすめ

シューズ選びのポイント

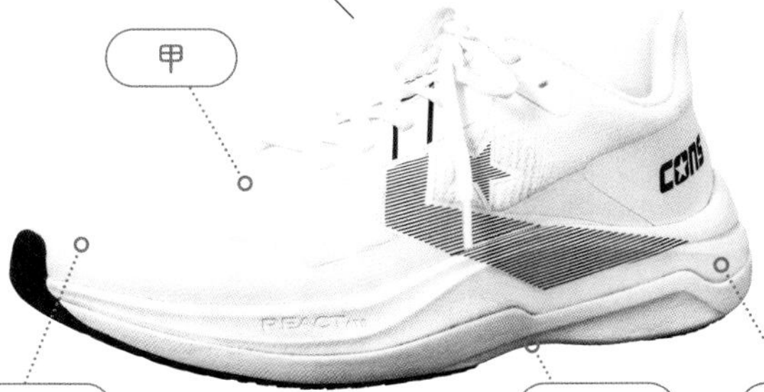

初心者の場合は軽さも大切。履いていると感じさせないくらいのものを見つけて。そして気分を上げるためにもデザインに妥協は禁物！

気に入るデザインを選んだら、早速試着を。靴選びの中で最も大切になるのがサイズ感。靴の中で足が動いてしまうと、ケガや疲労の原因になってしまいます。

試着のときには、まずかかとに合わせてつま先が当たらない、ぴったりだけど痛くないサイズを探して履き比べてみて。一度靴紐をすべて緩め、しっかりと締め直してみることも大切！　紐が長すぎる場合は蝶々結びをしたあとで、結び目のところで蝶々部分を二重に結べば走るときに解けにくくなりますよ。

そしてソールの形。僕のおすすめする走り方〝フラット着地〟のためには、靴底もできるだけフラット（真っ直ぐ）なものを選んでみて。履けたら店内で軽く足踏みして履き心地を確かめよう。

RUNNING SHOES《ランニングシューズ》

MIKI SHIMURA

❶ソールが反っているので足裏を上手に転がせる。中級者向け。
❷見た目が可愛く、気持ちが上がる初心者におすすめの一足。
❸クッション性もあるけど反発も感じるジョグシューズ。
❹初めてのカーボンシューズに良く、筋力が少なくても大丈夫！
❺上級者向け。レースやハイペースの練習時に履いています。

ランニングアドバイザー
三津家 貴也 × 志村 美希 おすすめ
ランニング系インフルエンサー

TAKAYA MITSUKA

❻ ふわふわと弾むような感触で初心者でも履きやすい一足。
❼ ここぞというときのレース用。反発が大きくスピードが出せる。
❽ デザインがお気に入り。ジョグや移動の際に選ぶことが多い。
❾ 練習やレースに使用するシューズ。コスパも良いのがうれしい。
❿ KENZOコラボシューズ。街移動にも大活躍中のシューズ。

PART 1

ウォーミングアップして体を温めよう

アイテム&シューズが揃ったら、早速やせランスタート！
いきなり走り出すのではなく、準備運動をすることで脂肪燃焼効果もアップ。

初心者のうちは体をほぐして準備する

やせランは運動初心者でも気軽に始めることができるのが魅力です。だけど、思い立ったらすぐに走ってしまうのはNG。

本格的なランニングでの準備運動まではいかなくても、自分の体の状態を知り、動きやすいように体を整えるためのウォーミングアップを行いましょう。

暑い時期も寒い時期も、まずは体を軽く温めて、運動をスタートする気持ちと体に持っていきましょう！

意外と知らない!? ウォーミングアップの効果

ウォーミングアップ 1

走るモチベーションに気持ちを上げる

34ページで紹介する初心者向けのウォーミングアップは、本当に軽めの準備運動。それだけでも運動をする心の準備も整う。

ウォーミングアップ 2

軽い準備でケガも予防しよう

初心者でも始められるやせランだけど、ケガの可能性はゼロではありません。しっかり体をほぐすことが予防にも。

ウォーミングアップ 3

体を温めて
可動域もアップ！

体温が上がると筋肉の温度もアップする上に柔らかくなる効果が。そうすると関節の動きもスムーズに。

全身の関節と筋肉をじっくりほぐそう

初心者が体を動かすときには、軽めの準備運動をじっくり行いましょう。
体のどこが硬いか、しっかり伸びるか、自分の体の状態を確認して。

前回に比べて体の調子は？ 動きづらい部分は入念に

筋力・心拍数を上げておくために行うジョギングなどのウォーミングアップは、中級者になってからでOKです。

毎日5分からでもOKなやせランを始める前には、関節と筋肉をほぐすだけで◎。屈伸や大きな関節を伸ばす動き、そして固まっているとケガの原因にもなりやすい手首や足首はくるくるとまわしておこう。毎回続けていると体の可動域もわかってくるので、体が硬い部分はそこを念入りに。

ランニングを始める前に

子どものころから慣れ親しんだ準備運動が
初心者向けのおすすめウォーミングアップ。
回数は自分の体が柔らかくほぐれたかを目安にしよう。

START!

STEP 1
屈伸

STEP 2
伸脚

STEP 3
股関節伸ばし

STEP 4
肩伸ばし

STEP 5
手首まわし

STEP 6
足首まわし

COLUMN

02

三津家貴也の

ランニング＆食事に1日密着

準備体操もしっかり！

10:00

軽くランニングをする

練習は1日に1回、昼か夜どちらかに決めています。一人のときもありますが、仲間と時間を合わせて一緒に練習することもあります！

忙しいときは短い時間でジョグだけをする日も！

長距離やインターバルトレーニングなどしっかり走るときはスポーツドリンクを飲んでいます。水分補給は忘れずに！

この日はランニング仲間の大蔵さん、ノッチさん、ニッチローさんたちと一緒に練習！ 色々なお話が聞けるのでいつも楽しく走ることができます♪

PART 2

運動習慣ゼロの人でもできる やせランのフォームづくり

3つのポイントでやせるフォームをつくろう

誰でも、いくつになっても気軽に始められるやせラン。ですが、大切なのは、正しい走り方をすること。初心者だからこそ、基本をきっちりおさえておこう！

基本の3つを覚えれば初心者でも不安ゼロに

子供のころ、ランニングがツラかった…など過去の記憶で苦手意識がある方も、三津家式のやせランなら大丈夫！ 1回5分から、毎日続けなくてもOK。息切れや筋肉痛が少なくなるコツを3つ覚えるだけで、楽しく走ってやせることができます。ツラいことは続かないものですよね。まずは3つのポイントをおさえてからスタート。決め事もなし！ 楽しいと感じる程度のゆるいランニングを、やりたいときに続けることで徐々にやせランの効果を感じられるはず。

初心者さん

FOR BEGINNER

こんなことありませんか？

ケガや息切れ、筋肉痛など初心者さんが抱きやすい不安や疑問、お悩みを解消します！

長時間走るのがツラい…

息が上がってしまってツラい！ それはペースが速すぎるサインです。楽しく会話できるくらいのスローペースをキープしよう。

脚が疲れて痛くなる…

走り始めて早々に膝や前もも、ふくらはぎ、足首などに痛みを感じたら、それは使う筋肉が間違っているサイン。走り方を変えてみよう。

がんばりすぎてケガをする…

張り切って長い時間長い距離を走ってしまうと、慣れない体にはケガのリスクが。まずは1回5分から始めて徐々に時間と距離を延ばそう。

やせラン 1

正しい姿勢を覚える

常に正しい姿勢で走ることはとても大切。頭のてっぺんから引っ張られる感覚で体は一直線を意識して。

40ページへ

やせラン 2

ふくらはぎで走ろうとしない

ふくらはぎの筋肉を使って走るのは、実はとても非効率。股関節を動かし、お尻の筋肉を使えば筋肉痛知らず。

46ページへ

やせラン 3

疲れない着地をする

初心者は特に、脚の筋力が弱いのでふくらはぎが疲れやすい。それを解消する足裏全体での着地を覚えよう。

52ページへ

MITSUKA'S CHECK POINT

正しい姿勢を覚えよう

なぜ正しいフォームで
走ることが大切なのか？
それは間違ったフォームで
走るととても疲れやすい
ということなんです！
before
足いたい
after
なんかラクだ
楽に走るには
エネルギーの消費を
おさえることが大事です

そのひとつが……
体を一直線にした姿勢
上半身は力をぬくとgood!!
正しい姿勢で走ると
体幹が自然と鍛えられるから
体の歪みも防いでやせやすくなります

無駄な力を使わずに省エネな走りで疲れ知らず

走るフォームは人それぞれですが、やせランを始めたての初心者さんはまずは正しい姿勢を体に覚えさせることがとても大事。正しい姿勢をマスターしてこそ、疲れづらく、長い時間走ることができ、やせに繋がります。まっすぐ立ったときに、頭の真上から引っ張られているように背筋を伸ばし、息を軽く吐いて腹筋に力を入れます。腰が反らないように意識しながら、頭頂部から上半身の真ん中、骨盤の中心を通り、足の裏まで1本の線のようにぴーんとまっすぐ！これが走っているときの基本姿勢です。このまま全身をやや前傾に。体幹が鍛えられ、インナーマッスルを使うので全身の脂肪燃焼効果もアップ！

疲れたときこそ姿勢を意識する

前に行く気持ちとともに反り腰に

OK
NG
腹筋に力を入れて、正しい走り方をおさらい
正しい姿勢が崩れるだけでなく腰痛の原因にも！

走っている途中でも腹筋に力を入れ姿勢には気をつける

　走り始めは正しい姿勢を意識していても、初心者さんは特に疲労や下り坂などによって前に進むことだけに集中してしまいがち。気持ちだけが前に行って反り腰になってしまうと骨盤は前傾。背中の痛みや前ももに痛みを感じてしまい、気持ちとは裏腹に脚が前に出にくくなっています。

　反対に疲れと共に視線は地面に、お腹の力が抜けて前屈みになるとお尻の筋肉も上手に使えず、走っている姿もカッコ悪い！　そんなときは一度早歩きくらいにペースを落

お腹の力が抜けてへっぴり腰に

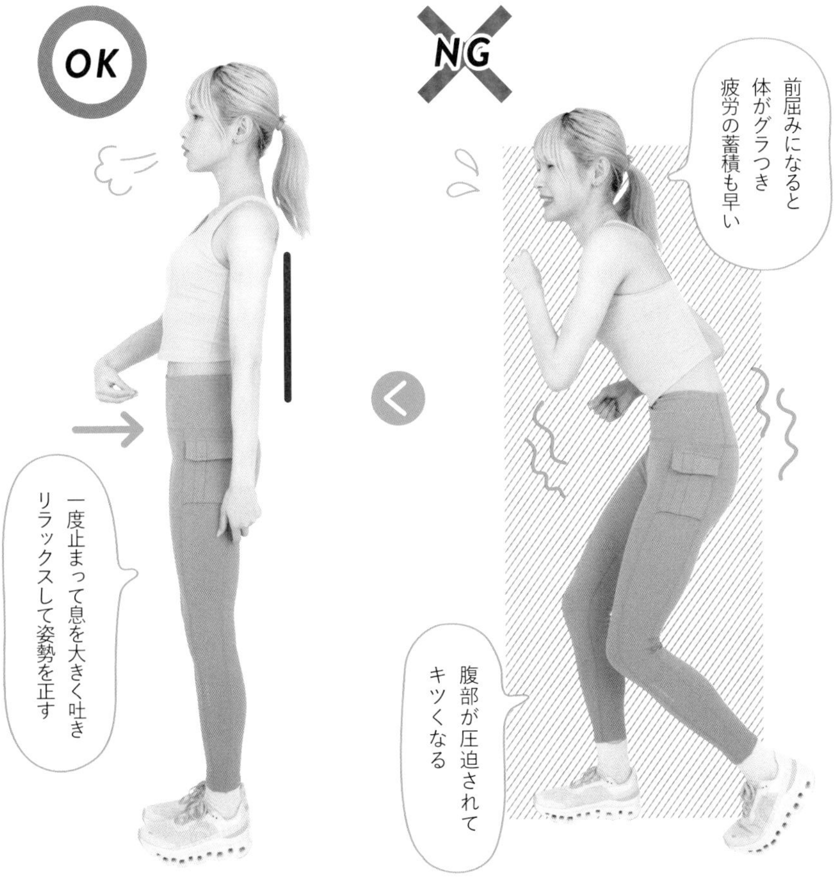
OK
一度止まって息を大きく吐き
リラックスして姿勢を正す
NG
前屈みになると
体がグラつき
疲労の蓄積も早い
腹部が圧迫されて
キツくなる

とすか、歩いてOK！ 腕をぐるりと回して、息を口から大きく吐いて腹筋に力を入れて歪んだ姿勢を再補正！ すぐに姿勢を正すクセづけから始めましょう。

MITSUKA's POINT

悪い姿勢になる前兆って…？

視線のブレや疲労感、前ももの痛みを感じたら、姿勢が崩れているサインかも！

LET'S DRILL

全身やせが叶う走りの基本
姿勢を意識した走りを覚えよう！

全身やせが叶う基本の走り方をここでマスターしよう。
姿勢を意識した走りを覚えることで、疲れにくく、長い時間走ることができます！

STEP 1

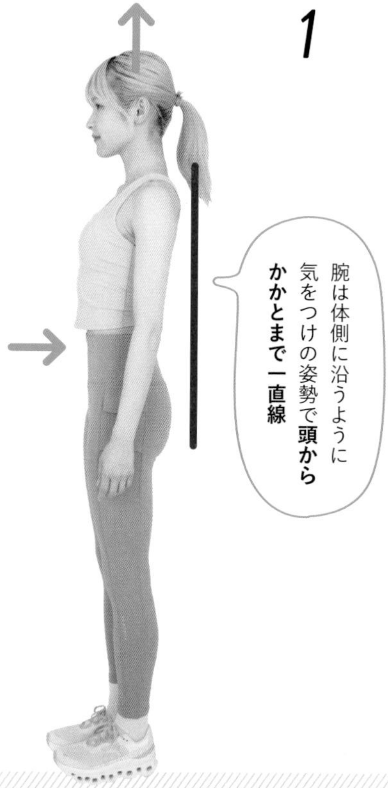

腕は体側に沿うように気をつけの姿勢で**頭からかかとまで一直線**

脚は軽く開き、息を吐きお腹にも軽く力を入れよう。頭の上から吊られているように頭頂部は真上、体の中心を1本の線が通っている感覚を意識。

STEP 2

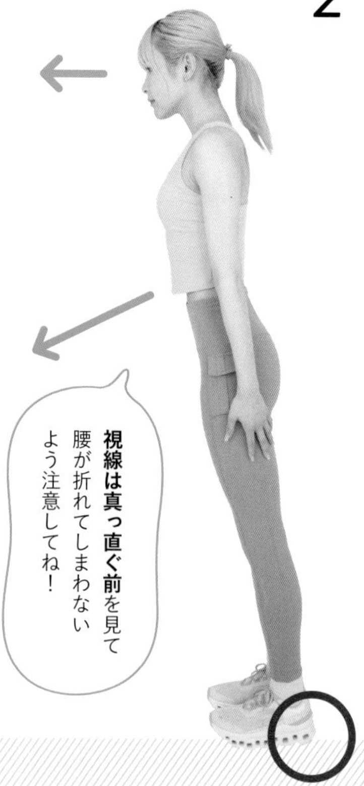

視線は真っ直ぐ前を見て腰が折れてしまわないよう注意してね！

おへそが前に引っ張られている感覚で姿勢は真っ直ぐをキープしたまま前傾。かかとは地面から離さず自然に前に全身を傾けよう。

上半身は力を抜いてリラックス

肩に力が入らないように、一度両肩を上げてから下にストンと落として力を抜くのがベター。

STEP 3

かかと、土踏まず、つま先へと**足裏を後ろから前にコロンと転がす**ように動かします

体が倒れてしまう直前に片脚が前に出るはず。それが走ることのスタート になる。腕で前後左右のバランスをとって。姿勢は真っ直ぐのまま！

STEP 4

歩幅は小さくてもOK！
自然に出たところから
走り始めよう

このままランがスタート。ラン中もやや前傾の姿勢は崩さずに、自然に出た脚を動かして行こう。正しい姿勢がとれているかは常に確認を。

MITSUKA'S CHECK POINT

ランニングは脚で走ってない!?

みなさんランニングって脚を使って地面を蹴って進むイメージを持っていませんか？
初心者の方はふくらはぎを使って走っている人が多いですが
？？？
なんか疲れやすい
ふくらはぎって体全体で見ると小さい筋肉だから疲れやすいんです
お尻を意識して走ることでもも裏の筋肉も連動して使えるため疲れにくく
効率的にやせられて
正しい姿勢の維持
にもなります
つまり筋トレしなくても走るだけでお尻と太ももが鍛えられて
なんでやせてるの？
ドヤ〜
走ってるだけです
勝手にやせていく！

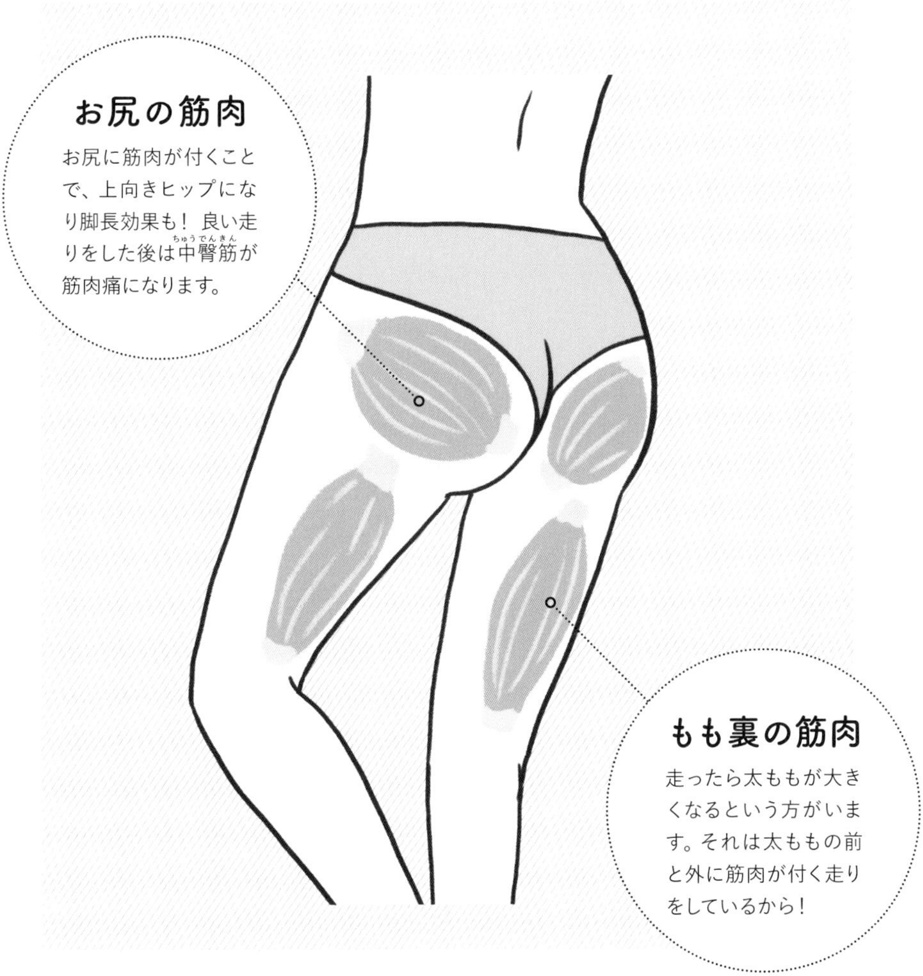
お尻の筋肉
お尻に筋肉が付くことで、上向きヒップになり脚長効果も！ 良い走りをした後は中臀筋《ちゅうでんきん》が筋肉痛になります。
もも裏の筋肉
走ったら太ももが大きくなるという方がいます。それは太ももの前と外に筋肉が付く走りをしているから！

ヒップアップにも効果的！ お尻ともも裏を使おう

ランニングは脚全部を使って行う運動、という思い込みは捨てて。実はお尻ともも裏を効果的に使うのが僕の正しい走り方メソッドです。走っているとふくらはぎや前ももも、膝が痛くなってくるのは、走るための筋肉を上手に使えていない証拠。特に初心者さんが痛みを感じやすいふくらはぎは、小さな筋肉なので疲労がすぐにたまってしまいます。体の中でも大きな筋肉である、もも裏やお尻の筋肉を使って走ることで疲れも感じづらくなる上、お肉がつきやすい部分がスッキリしてきて、後ろ姿も美しくなれるはず。正しい姿勢をキープするためにもお尻ともも裏を意識して走ることが大切です。

PART 2

下半身を動かす走りで上向きヒップに

BAD FORM!
前へ前への意識は
捨てよう!
足裏が上に向くと
余計な筋肉を使うため
太ももが大きくなるかも…

お尻と股関節を連動させて走る

脚で走らないと聞いても、初めはどういうこと？と感じてしまうかもしれませんが、まずは意識付けすることが大切です。

走る＝前に進むという意識が強すぎると、ついつい足首を使って地面を蹴ってしまい、ふくらはぎを使うことに。すねやふくらはぎが痛くなるのは、前へ、前へ、という意識が強すぎるのかも。

お尻を使うというのは、股関節を上手に伸展させるということ。脚の付け根から動かす意識付けをしましょう。足首と膝は軽く固定されて

GOOD FORM!
脚の付け根から
動かすことで股関節と
お尻まわりを使った
走りができる
足首と膝は
軽く固定するイメージ！
脚を後ろに引くときも
曲げないようにする
お尻やもも裏の
大きい筋肉を
動かすイメージ

MITSUKA's POINT

いるイメージで。脚を後ろに引くときも膝を曲げないのがポイント。お尻を起点に、股関節を動かして脚は自然に、振り子のような反動だけで動くフォームが望ましいです。

自分のフォームを確認しよう！

腰の安定と足裏が真上に向いていないか、動画を撮って確認したり、仲間にチェックしてもらうのもおすすめ。

LET'S DRILL

お尻&もも裏ほっそり！

股関節を動かす走りを覚えよう

股関節を軸に、脚を振り子のように動かす練習をすることで、脚ではなく、お尻を使って走る動きをマスター。軽めの筋トレにもなりますよ！

STEP 1

意識するのは
股関節とお尻！
腹筋も使って体幹キープ

真っ直ぐ正しい姿勢で立ったら、股関節を大きく動かして脚を前に振り出す。このとき、前膝が曲がらないようにしっかり固定。軸足も真っ直ぐ。

STEP 2

振り子をイメージして
脚を真っ直ぐにしたまま、
後ろに振り下ろす

脚を下げるときに姿勢が前に倒れないようにお腹の力は抜かないように気をつけて。両脚ともにこのときも膝は固定し脚は真っ直ぐに！

NG POINT

脚を上げるときや後ろに引くときに膝が曲がってしまったり、姿勢が前屈みになってしまうのは、前ももやふくらはぎを使っているサインなので注意！

NG

STEP 3

お尻をキュッと
引き締める意識
で脚を後方に

そのままの姿勢で脚を後ろに引きましょう。勢いをつけずにお尻の力を使って脚を引きます。上半身は前傾しないように注意します。

STEP 4

膝はできるだけ
伸ばして
がんばろう！

視線は正面を向けるのが姿勢を崩さないコツです。お尻の筋肉を使ってできるところまで脚を引こう。逆脚も同様に行います。

MITSUKA'S CHECK POINT

フラット着地で楽に走る

エネルギー消費をおさえた
走り方は着地も大切！
まだまだ元気！
良い着地は無駄がないため
疲れにくく長く
走ることができます!!
やせランを習得したい人は
もも裏とお尻が
鍛えられるように
足裏全体でしっかりと
地面にフラット着地
するのがおすすめ！
足首が固定されるから
ケガもしにくい！

フラット着地で痛みや疲労とサヨナラ！

三津家式やせランメソッド、ラストのポイントは着地です。ランニングは片脚ごとの着地（接地）が何度もくり返されるため、正しい着地ができないと足首や膝のケガなどの原因にもなってしまいます。初心者でも、1分間に150回程度も脚と地面は接地すると言われています。たった5分のやせランでも、約750回！悪い着地で痛みや疲労に悩まされないように、正しい姿勢・脚を使った走りを覚えたら、正しい着地もマスターしましょう。

　僕が初心者の方におすすめする着地は足裏全体で接地する〝フラット着地〟。足首が固定されるのでお尻やもも裏の筋肉も使いやすくなり、疲れにくいですよ。

PART 2

下半身やせ&走りが安定するフラット着地

脚の付け根から
動かすことで股関節と
お尻まわりを使った
走りができる

足裏全体で着地すれば
足首が固定されるので
エネルギー消費が少なく
疲れない着地に！

MITSUKA's POINT

**着地を意識すると
無駄な筋肉が
つかない！**

足首を固定することで、
もも裏・お尻の筋肉を
自然と使えるから脚や
せにも効果的！

初心者さんはまず！

フラット着地

足裏全体で着地するのが特徴です。筋肉や関節など多くの部分で衝撃を吸収するため、体の負担をおさえやすい。

かかと着地

かかとから着地し、着地の瞬間にブレーキが起こるため膝のケガにつながりやすい。

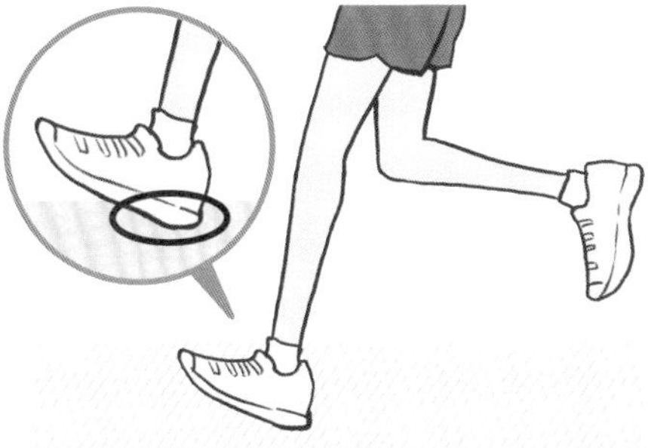

つま先着地

足首が固定されないので初心者はおすすめできない。海外選手が採用する着地に多い。

着地のクセは早めに修正 体の真下でフラットに！

着地の種類は主に3種類あります。アキレス腱付近のバネを最大限に生かせるつま先着地、体を安定させて自然にできるかかと着地、足裏全体で地面に着くフラット着地です。普段歩いているときは、つま先着地やかかと着地のことが多いはず。それぞれ利点はありますが、初心者におすすめなのは断然フラット着地です。脚の筋力もまだ弱く、ケガや疲労を極力避けるためには、足首を固定することが大切。フラット着地は接地の際に足首が曲がらないのです。また、着地の瞬間には脚から地面に加わる力の反発によって体を弾ませることができるので、前に進みやすいというのもうれしいポイントです。

LET'S DRILL

ケガの予防にも効果的
フラット着地を習得しよう！

まずは体の重心の真下で着地をする感覚をつかもう！
動き自体は簡単なので、走り始める前にこの練習をやるのもおすすめ。

STEP 1

腕は自然に振って
体がグラグラ
しないように

視線を正面に向け、膝が直角になるように片脚を上げる。このとき軸足はかかとに重心を乗せ、腹筋を意識する。体がぶれないように腕でバランスをとる。

STEP 2

高さを求めず
空中で脚を入れ替える
ことに意識を集中！

軸足と上げている脚を空中で入れ替える。軸足はももをしっかり上げ、腹筋で体のバランスをとる。STEP 1 のポーズになるように意識して。

軸足の膝が曲がることで、腰が落ちてしまうので注意！ またかかとが身体の後ろ側に上がると悪い姿勢の原因に。

立っているときに軸足の膝が曲がってしまわないように注意。STEP 1 の姿勢にしっかり戻すことを忘れないでね！

ドン！っと音がするくらい**強く着地**するようにしてみて

STEP 3

左右くり返して練習をしてみよう

初心者さんは、着地のときにつま先で接地してしまいがち。足の裏全体を地面に強く打ち付けるようなイメージで、かかとを意識しよう。

LET'S DRILL

効率的に脂肪を燃焼！
正しいウォーキングのフォームを確認

姿勢・下半身の使い方・着地の意識ができたら、実際にウォーキングの動きにチャレンジ。
走る動作とは違う、足裏の使い方なのでここで基本を学んでおこう。

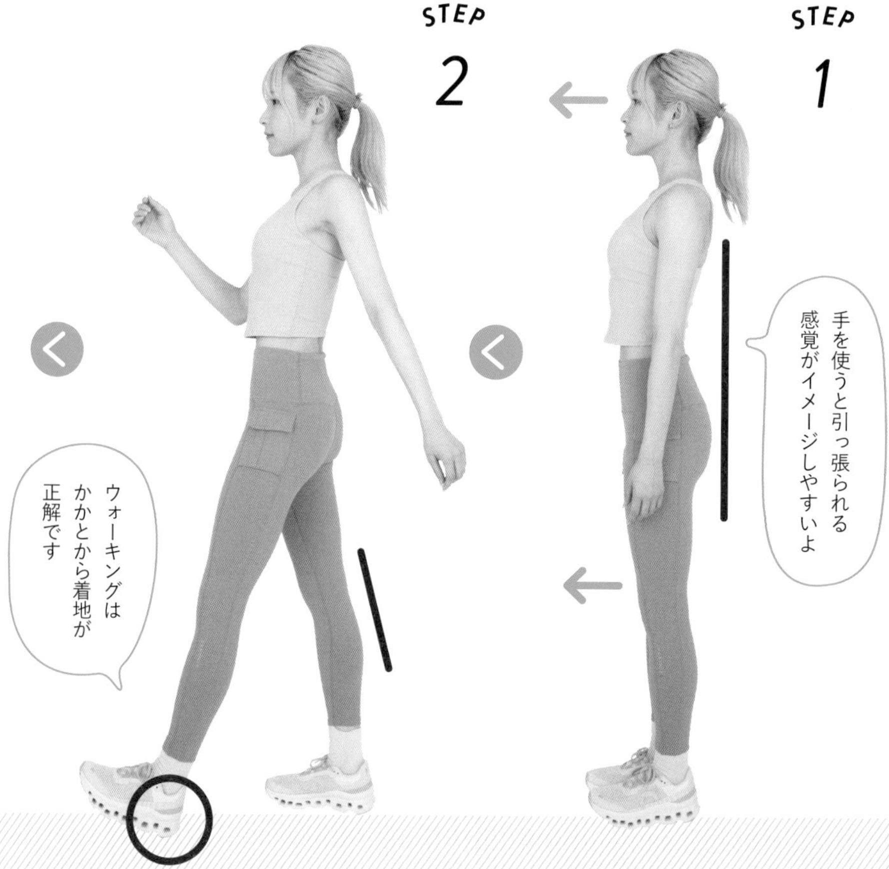
STEP 1
手を使うと引っ張られる
感覚がイメージしやすいよ
STEP 2
ウォーキングは
かかとから着地が
正解です

どんな動きのときもまず最初は正しい姿勢が大切です。姿勢は真っ直ぐ、視線と膝は進む方向にしっかりと向いているようにしましょう。

軸足は膝を伸ばして真っ直ぐのまま、左脚を前へ。このとき左脚も膝は曲げずに股関節から動かそう。そのままかかとで着地します。

MITSUKA's POINT

ウォーキングはかかと着地！

かかと〜つま先へと転がすような感覚を覚えよう。シューズのソール自体にカーブがあるものを試してみるのも良いかも！

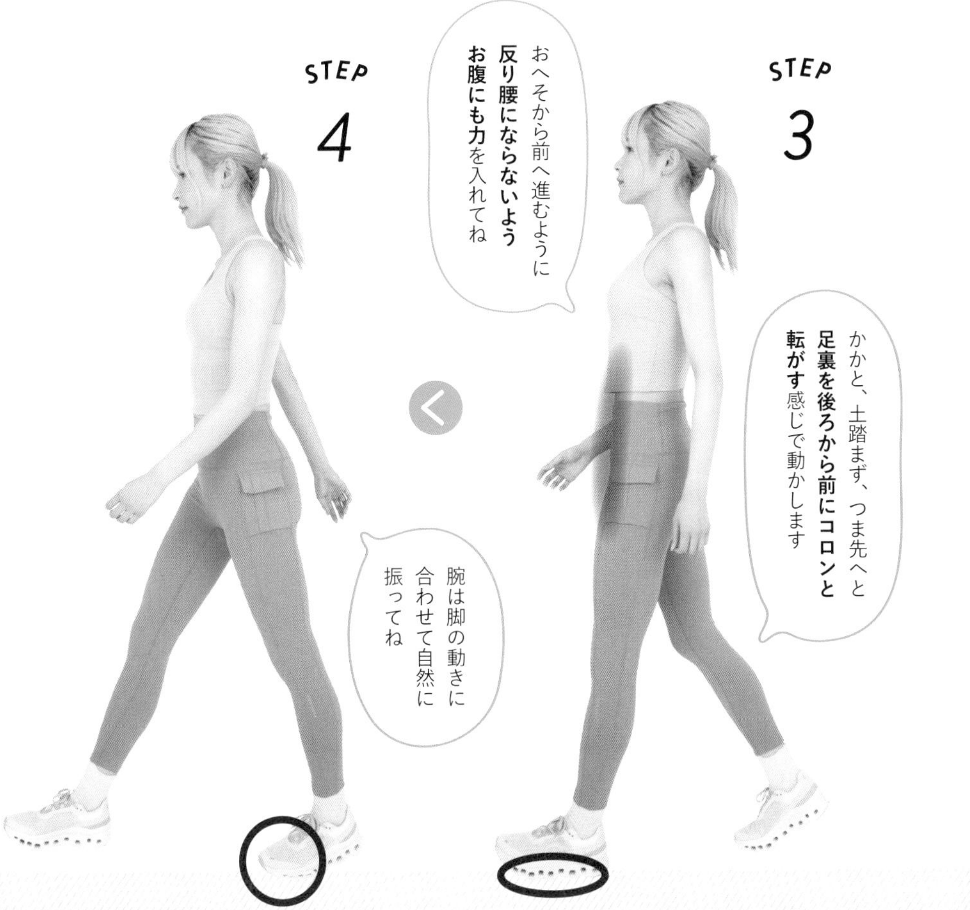
おへそから前へ進むように
反り腰にならないよう
お腹にも力を入れてね
かかと、土踏まず、つま先へと
足裏を後ろから前にコロンと
転がす感じで動かします
腕は脚の動きに
合わせて自然に
振ってね

STEP 3

最初は大げさなくらいゆっくりとウォーキングしても良いので、足の裏の動きをしっかりと意識しましょう。慣れてきたらスピードアップを。

STEP 4

つま先まで接地してどんどん進んでいこう。ジョギング、ランニングと進むためのウォーキングなので後ろ脚は特に意識しなくても自然で大丈夫！

LET'S DRILL

正しい走り方でやせる
正しいジョギングのフォームを確認

ドンと地面に足裏をつけるフラット着地と、お尻まわりの筋肉を使って
今までの動きのおさらいをしてみよう！

STEP 1

頭が上に引っ張られているような感覚で背筋を伸ばす
肩の力をぬきお腹は軽く力を入れよう

両肩を一度上げて落とし、肩甲骨も楽にする。息を軽く吐いたらお腹に力を入れて頭頂部からかかとまで真っ直ぐにした正しい姿勢でスタート。

STEP 2

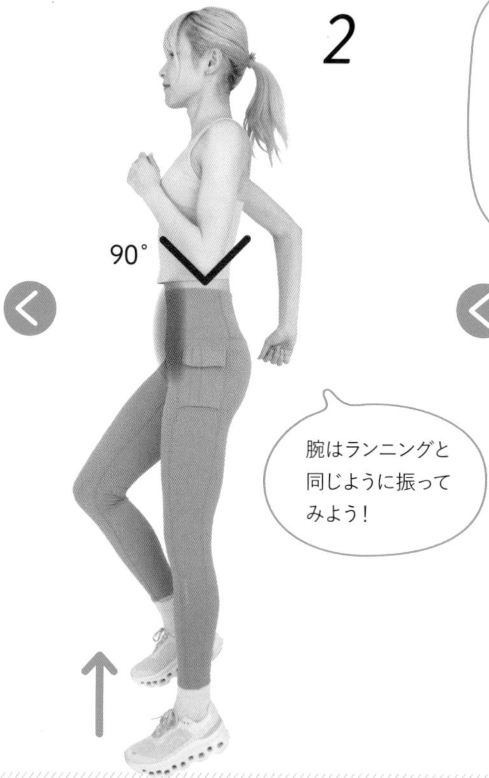
90°
腕はランニングと同じように振ってみよう！

軽くもも上げをするように片脚を上げます。このとき前ももを使わずに、股関節をしっかり動かして腹筋を使うことを意識。肘は90°以上曲げてみよう。

いきなり走らずまずは確認！

まずはその場で足踏みすることからスタート。感覚がつかめたら少しずつ前に進んで走ってみよう！

反り腰や前屈みにならないように**常にお腹に力を入れ**て正しい姿勢をキープ

STEP 3

上げた脚を戻すときは、足裏全体で接地するフラット着地に。ゆっくりでも良いので一連の動きで着地まで連続して行えるようにしていきましょう。

STEP 4

何度かくり返して
ウォーキングとの
違いを体で覚えて

逆脚もしっかりとフラット着地！ランニングではないので、姿勢は真っ直ぐのままで前傾させなくても大丈夫。動きを覚えるまでくり返そう。

LET'S DRILL

3つのメソッドを一連の動きでやってみよう

テンポを速くしたジョギングにトライ

ウォーキング、ジョギングの動きを覚えたら、少しペースを上げたジョギングに挑戦！
無理にペースは上げず、ほんの少し動きを早める意識で大丈夫。

STEP 1

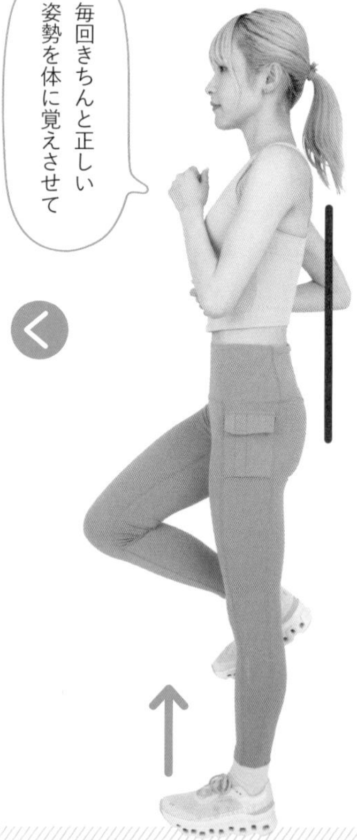

毎回きちんと正しい
姿勢を体に覚えさせて

何度も何度もくり返しますが、三津家式やせランの基本のキは正しい姿勢から始まります。軸足は固定し、片脚を上げる。

STEP 2

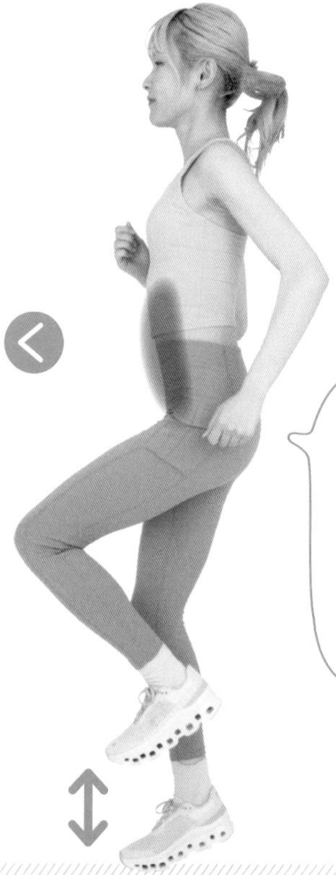

脚を使わず走るために
股関節を大きく動かそう

腹筋を使って股関節を大きく動かし、STEP 1 の軸足のももをしっかりと上げよう。足首も自然に固定。その場で足踏みしてスタート準備。

MITSUKA's POINT

無理にペースを上げるのはNG

キツいと感じるペースのジョギングは必要なし！ 少しテンポの速いジョグでも筋トレと同じ効果が期待できます。

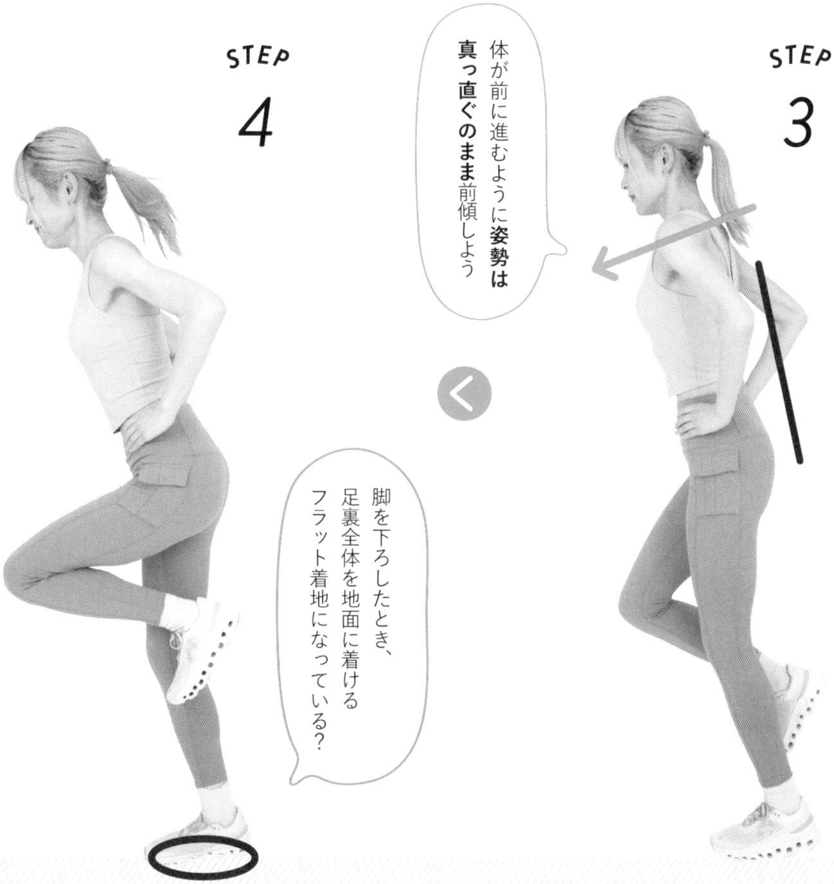
STEP 3
体が前に進むように姿勢は**真っ直ぐのまま**前傾しよう
STEP 4
脚を下ろしたとき、足裏全体を地面に着けるフラット着地になっている？

その場でじっくり練習するために、両手は腰に置いて体のバランスをとりながら全身を前に傾けて。上げた脚は自然に前へ。

前傾姿勢のままで、上げていた前脚を下ろします。そのときのポイントはもちろんフラット着地！ 足の裏全体を同時に地面に接地させましょう。

COLUMN

03

三津家貴也の

ランニング＆食事に1日密着

12:00

すぐにシャワーを浴びて身支度。お昼は好きなものを好きなだけ食べる

ランニングから戻ったら、シャワーを浴びるまでがルーティン。自分で決まりを作ると継続しやすくなります！

お昼は皿うどんか
モスバーガーが
多いかも（笑）

オイコスで
追い越す（笑）

お昼は好きなものを食べます。自炊はしないので、Uber Eatsで皿うどんやモスバーガーを頼むこともあります。たんぱく質不足と感じたらオイコスを食べることも！

PART 3

燃焼効果が高まる！
やせランの動きづくり

PART 3

三津家式やせランの
燃焼効果を高める動きづくり

やせランを始めるなら、効果的に脂肪燃焼を高める方法をプラスしてみよう。
日常のちょっとした時間にとり入れて、気になるパーツの引き締めにも役立ちます。

ランニングの上達と
やせるためのトレーニング

初心者向けの軽めのランニングとはいえ、運動に慣れていないと筋肉痛や疲労につながってしまう可能性があります。そうならないためにも必要な簡単なトレーニングから始めてみるのもおすすめ。代謝を上げるためのウォームアップや、三津家式やせランのメソッドをマスターするために大切な、お尻や腹筋の筋肉を刺激することで、やせ効果＆走るテクニックが身につきます。動きが楽しいトレーニングを選びました！

EMBRACE THE CHALLENGE

ウォーミングアップ

▼

まずは楽しく体を動かす

全身運動で代謝アップ

楽しい全身運動で、脂肪を燃焼パフォーマンスもアップ

やせランをはじめとする全ての運動は、楽しいと思う気持ちが何よりも大切です。体を動かすことの楽しさを感じられたら、心も体も健康になっていきます。ランニングに対して辛い、苦しいというイメージがある人は、まずは楽しく体を動かす簡単な全身運動から始めてみましょう。全身を使って、体を大きく動かすウォーミングアップでは、頭で考えたことを体と連動させる脳トレのような動きもとり入れています。ランニングスキルが身に付く上、代謝アップへの効果も期待でき、やせやすい体づくりにも役立ちます。全身をほぐしながら、体温を上げてくれる楽しい動きを選んだので、気軽にスタートできるはず。全身やせにも効果的なので、ぜひやってみよう！

POINT!

まずは楽しいと思う回数から始めよう

これから走るぞ、というときに行う準備運動も兼ねたウォーミングアップなので、しんどいなと感じてしまったら本末転倒。回数はあくまでも目標ということを忘れずに。やってみて楽しいな、体が温まったな、と感じられる回数を基準にしてみよう。

下半身の大きな筋肉を使ってやせる!

ウォーミングアップ

もも裏タッチ

目標セット回数

1～4の流れを
5回×2set

STEP 1

頭頂部から吊られているイメージで**背筋をピンと伸ばして**

両脚を揃えて、背筋を真っ直ぐに立つ。腕は耳の横に揃えて真上に伸ばし、左脚を後ろへ上げる。

STEP 2

前屈みにならないように、**姿勢は真っ直ぐ、目線は正面に**
リズミカルに
股関節をしっかりと使って脚を持ち上げよう

息を吸いながらもも上げの要領で左脚を高く上げて、同時に両腕を下げ、もも裏で両手をタッチ。

MITSUKA's POINT

お腹・背中・お尻まで全身がスッキリ！

手足の上げ下げをリズミカルに行う単純なウォーミングアップですが、姿勢のキープやお尻を意識することで、全身やせにも効果的！ 2セットが楽にできるようになったら3セットに増やすなどして負荷を上げてみて。

STEP 3

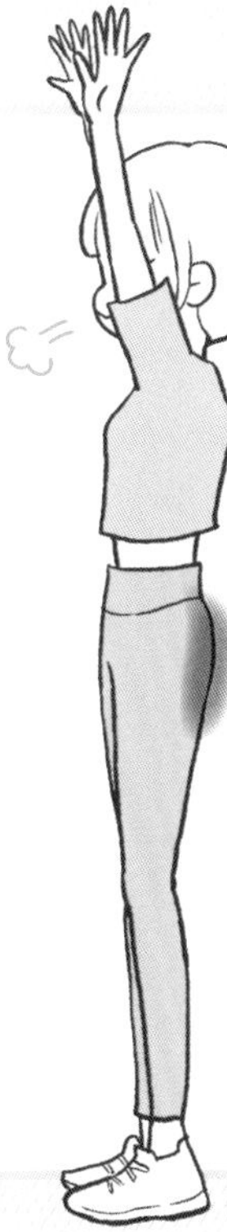
脚を戻すとき、
お尻に力を入れると
グラグラしないよ！

息を吐きながら脚を元に戻し、STEP 1 の体勢になる。次は右脚を後ろへ上げる。

STEP 4

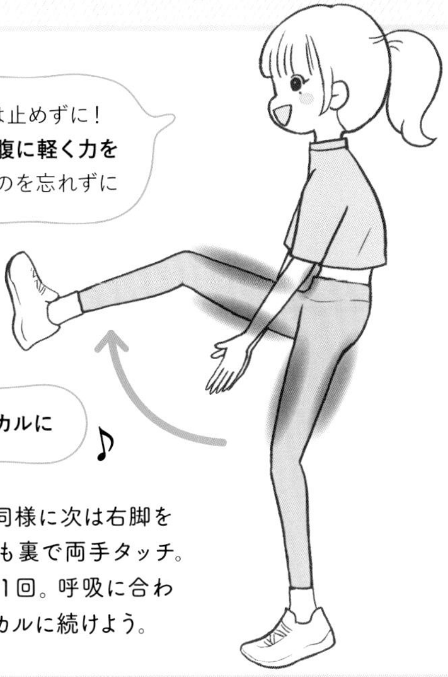
呼吸は止めずに！
常にお腹に軽く力を入れるのを忘れずに
リズミカルに

STEP 2 と同様に次は右脚を上げて、もも裏で両手タッチ。ここまでで1回。呼吸に合わせてリズミカルに続けよう。

体と頭を同時に使って全身やせ

ウォーミングアップ

グーチョキパー体操

STEP 1

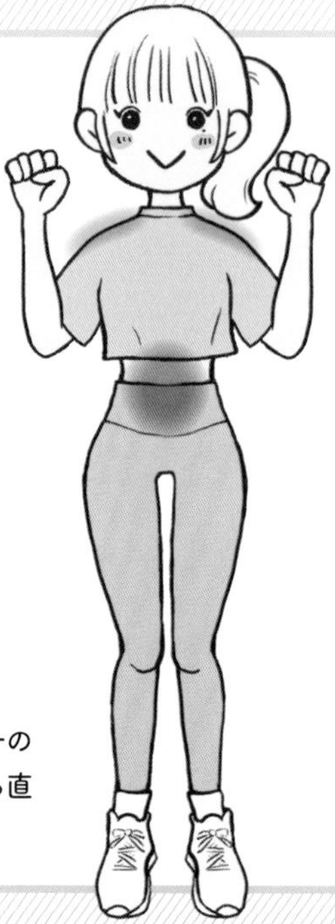

脇は軽く締めて、
肩の力は抜こう

息を吐き、
お腹にキュッと
力を入れる

まずは“グー”。
肩の横で両手はグーのポーズ。両脚は真っ直ぐに揃えて。

STEP 2

左右どちらの脚を
前にするかは
やりやすい方でＯＫ

ぴょんっと
リズミカルに

続いて“チョキ”。
両手は肩の横でチョキのポーズ。脚は前後に大きく開こう。

目標セット回数

1〜3の流れを

3回×3set

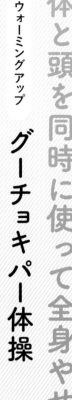

STEP 3

MITSUKA's POINT

頭で考えたことを体に伝えるのが大事

頭でイメージした動きを、体が実現できるようになるのに役立つウォーミングアップ。全身が温まる上、頭と体を連動させることもできるので、楽しみながら挑戦してみて。応用編は友達と一緒に挑戦するのもおすすめ。

体勢を変えるとき、グラグラしないように姿勢は真っ直ぐ！

最後は“パー”。
肩の横で両手はパー、
脚は左右に肩幅より
広めに開いて。

応用編

手の勝ち！脚の勝ち！など**勝敗を考えながら**動いてみよう

最初は難しく
感じるかも！
ゆっくりやってみて

基本の動きをマスターしたら、頭もフル活用。“脚が勝つ”と決めたら、手はグー、脚はパー、手がチョキなら脚はグーなど手脚の動きをバラバラにしてみて。

ヒップトレーニング

体幹・腹筋も鍛えられる！

尻トレでやせる体をつくる

後ろ姿も魅力がアップ！引き締め効果も抜群

疲れにくい体をつくり、走る時間や距離を延ばすためにも、核となるのは、お尻の筋肉！ここの筋力がアップするだけで、ランニングスキルも上がってきます。さらに大きな筋肉を鍛えることで脂肪燃焼の効果もアップ！そして、垂れてしまったヒップラインがキュッと上がり、お腹に力を入れることで腰まわりのシェイプアップ効果にも期待できます。ジャンプなどの大きな動きがないので、室内でできるのもうれしいところ。お尻を使う感覚もつかみやすいため、「脚で走るクセが付いているな」と感じたときに、意識をお尻へと持っていくためにも効果的なトレーニングです。初めは無理せずトライして。目標回数を徐々に増やせると体に筋力が付いてきた証です！

POINT!

効いているかは触ってチェック

体幹を使いながら行うヒップトレーニングは、正しい姿勢で行うことが大切。お尻に効いているのか不安になったら、筋肉が硬くなっているかを触ってチェックすると分かりやすいのでおすすめ。お尻以外に刺激を感じたら動きが間違っているサイン！

お尻とお腹を使って下半身やせ！

ヒップトレーニング

基本のランジ

STEP 1

お腹に力を入れて姿勢を正したら、左脚を軽く前に出してから、腰を真下に落とすイメージで右脚を大きく後ろに引いてセット。

バランスをとるため、**手は腰に。**慣れたら腕は前後に広げて走るような形に。**お尻の下に手を置くのもおすすめ**

肩幅の2倍を目安に、大きく脚を開こう

STEP 2

脚を置いた場所はキープしたまま、さらに腰を下げて。このとき前脚側のお尻が硬くなっていたら効いている証拠。

前屈みにならないように
姿勢は必ず真っ直ぐ！
頭の上から吊られている
感じをイメージ

膝の角度は90°！
前に出過ぎないよう
要注意

目標セット回数

1～4の流れを

5回×4set

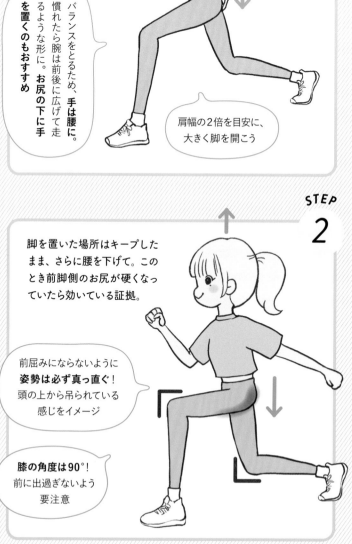

STEP 3

両脚を行うと**左右でやりやすさ、キツさが違う**よ！自分の体はどちらに筋肉が付いているか、股関節が柔らかいか確認してみよう

グラつかないようにしっかりとお腹に力を入れ、脚を入れ替え。足幅はSTEP 1同様に肩幅の2倍を意識して。

MITSUKA's POINT

引き締まったヒップラインに！

お尻を使って走る感覚を鍛えるのにはランジがぴったり。ゆっくりと行い、姿勢やお尻、股関節の動きやポジションを意識して。ランニングに慣れ、フォームの乱れが気になったときに動きの矯正にも役立ちます！

STEP 4

STEP 2と同じように腰を落とそう。正しい場所に効いているかも再チェック。

重心は前足のかかとにくるように意識して。ただし前屈みにならないように！

後ろ脚の前ももや膝が痛くなるのは、後ろ重心になっているサイン

垂れてしまったヒップラインに効果大!

ヒップトレーニング
基本のスクワット

目標セット回数

1〜4の流れを
10回×3set

STEP 1

お腹から力が抜けないように、いつでもしっかり意識!

ヒップに集中的に効かせるために、足は肩幅、つま先は正面に向ける。

STEP 2

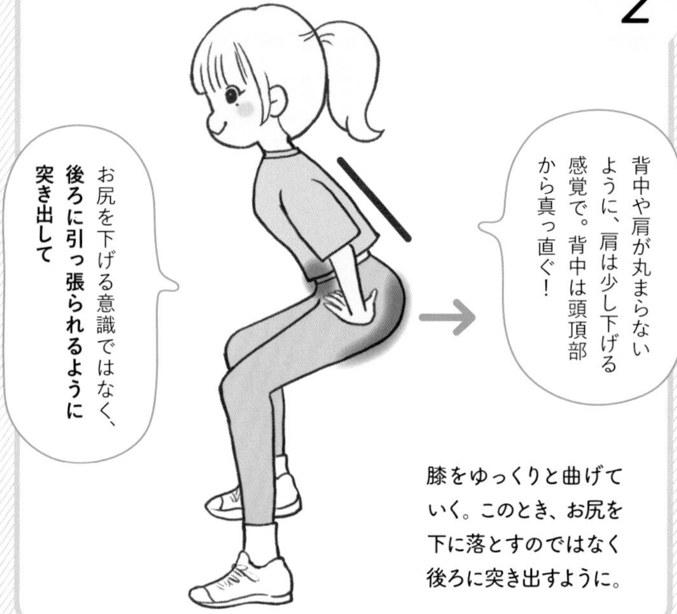

お尻を下げる意識ではなく、後ろに引っ張られるように突き出して
背中や肩が丸まらないように、肩は少し下げる感覚で。背中は頭頂部から真っ直ぐ!

膝をゆっくりと曲げていく。このとき、お尻を下に落とすのではなく後ろに突き出すように。

STEP 3

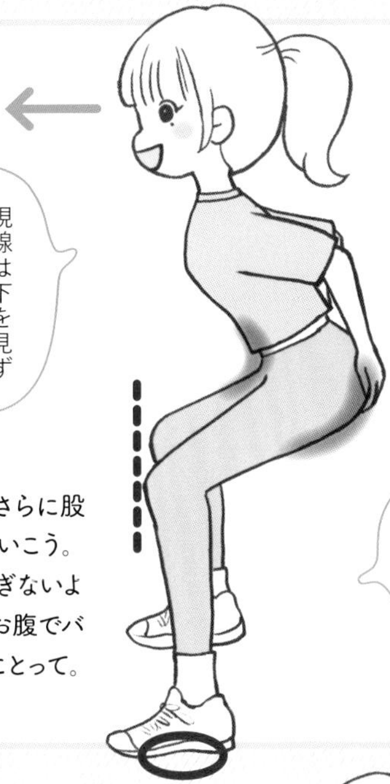
視線は下を見ずにしっかり正面を向いて
足裏全体が地面に着いているように意識してみよう

STEP 2 からさらに股関節を曲げていこう。膝が前に出過ぎないように、お尻とお腹でバランスを上手にとって。

STEP 4

お尻の下側にしっかり効いているかどうかチェック！

股関節をゆっくりと伸ばしてSTEP 1 の姿勢に戻る。このときも姿勢は真っ直ぐ！

MITSUKA's POINT

お尻と股関節の伸縮を意識

ヒップラインに効果的なスクワット。お尻の筋肉を刺激し、股関節の伸展を意識することで、“脚ではなく、お尻を使って走る”ことに繋がります。最近お尻が下がってきているな～と思ったときにも試してみてください。

腸腰筋《ちょうようきん》トレーニング

骨盤を整えお腹もすっきり！

体幹をつけて燃焼効果アップ

姿勢も良くなり お腹まわりの脂肪もすっきり！

腸腰筋とは、腰からお腹の中心を通り、太ももの上まで続くインナーマッスルです。脚を上げる、体を曲げる、姿勢を保つ、体幹を安定させるなどとても大事な役割を持ち、運動する人にはとても大切。長時間座っている、下腹部がぽっこりしている、腰痛や便秘、猫背でお悩みの方も腸腰筋が弱っている可能性があるかも。目に見えたり、触って確認はできませんが、ここを鍛えると、骨盤の歪みも整い、お腹まわりの脂肪も徐々に少なくなり、さまざまな悩みが解消できますよ。さらに、腸腰筋を鍛えると姿勢が良くなり、やせランのメソッドであるお尻で走る感覚もつかみやすくなります。やせ効果も期待できる腸腰筋トレーニングは、日常的にとり入れてみて！

POINT!

見えないからこそ場所を意識しよう

体の深部にあるインナーマッスルなので、効いているか触ってチェックできないのが難しいものの、続けるとそけい部とへその間ぐらいに刺激を感じるはず。筋肉の位置を頭の中でイメージしながらそこを動かす意識を持ってトレーニングして。

腸腰筋トレーニング

ぽっこり下腹の改善にも効果大！

基本の片脚立ち

STEP 1

頭頂部からかかとまで1本のラインになるように、真っ直ぐ立とう。息を吐きお腹に軽く力を入れて、手は腰のあたりに。

腸腰筋は背中から太ももの付け根にかけて、後ろから前に向かって斜めに通る筋肉。そけい部の少し上あたりと覚えておこう

つま先は正面に向けて。グラグラせず、真っ直ぐ立てる位置を探そう

STEP 2

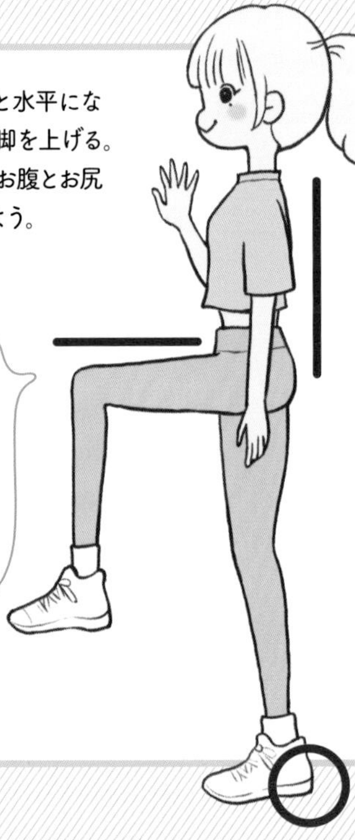

前ももが地面と水平になる位置まで片脚を上げる。ももではなく、お腹とお尻を使って上げよう。

バランスがとりづらい場合は、**壁やテーブルに片手をついてもOK**

上げた脚の足首は力を抜きつつ、**つま先が下を向かないように注意**

地面に接している方の脚は、つま先重心になりがち。**かかと重心を意識**しよう

目標セット回数

1～4の流れを

両脚

各10回

×

2set

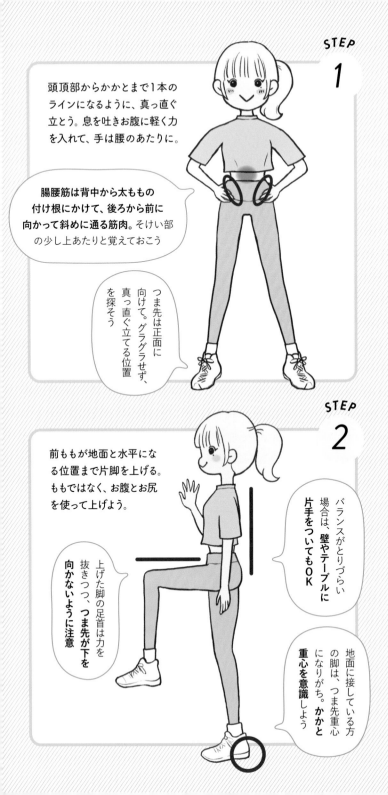

STEP 3

水平に上げた脚をさらにもう少し持ち上げてから、水平に戻すという動きを数回くり返して。

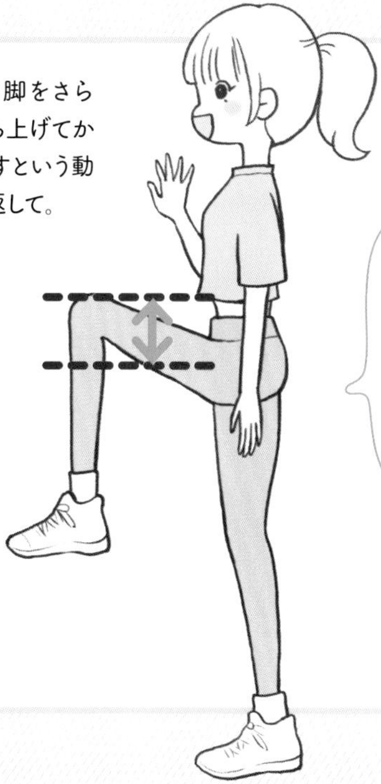
グラグラしないように
ここでも**お腹とお尻を**
しっかり意識
支えとなる**脚の膝や**
足首が曲がるのはNG。
常に真っ直ぐをキープ

STEP 4

腸腰筋がじわじわと
効いてくるのを感じて。
徐々に回数を増やそう！

ゆっくりと脚を下ろしてSTEP 1の姿勢に。戻すときは体が前後左右に揺れないように注意しよう。反対も同様に行う。

MITSUKA's POINT

片脚で体をしっかりと支えて

お尻・下腹部・背中が鍛えられると同時に、姿勢の良さも大切になるトレーニング。走っているときは、両脚が着地していることはなく、常に片脚着地がくり返されるので、片脚でもバランスがとれるようにがんばろう。

レベルアップトレーニング

走ると勝手にやせる！

脂肪が燃える動きづくり

強度をアップさせてトレーニング さらにやせる・走れる体になろう

トレーニングで筋力が付いてきたら、少し強度を上げたものにチャレンジしてみましょう。脂肪燃焼効果が高まり、やせランの取得もスムーズになるはず。ここで紹介する4つのトレーニングは、いずれもお尻と腸腰筋に効くトレーニングの応用編です。基本の3種類をしっかりとマスターした上でやってみることをおすすめします。

さらに、最後に紹介したバウンディングジャンプは、やせランの基本でもある「正しい姿勢」「脚を使わずに走る」「フラット着地」をスムーズに理解し、体を動かせるようになるためにとても大切な動きです。やせ効果も高い上、三津家式やせランを習得できたかのチェックにもなるので、練習だけでなく復習の意味も兼ねて、ん～やってみよう！

POINT!

強度が高い分集中力が大切！

片脚だけを軸にしたり、大きくジャンプしたりといった強度の高いトレーニングはケガを防ぐためにも十分なスペースと集中力が大切になります。ランニング練習の前後に、外でやるのがおすすめ。効いてるな～と感じたら、次は回数を増やしてみよう。

姿勢と着地が意識できる！

レベルアップトレーニング

もも上げフラット着地

STEP 1

肩を上げ下げして力を抜きつつ、腹筋と背筋に力を入れ、顔は正面に、左脚を膝が90°になるまで上げて。

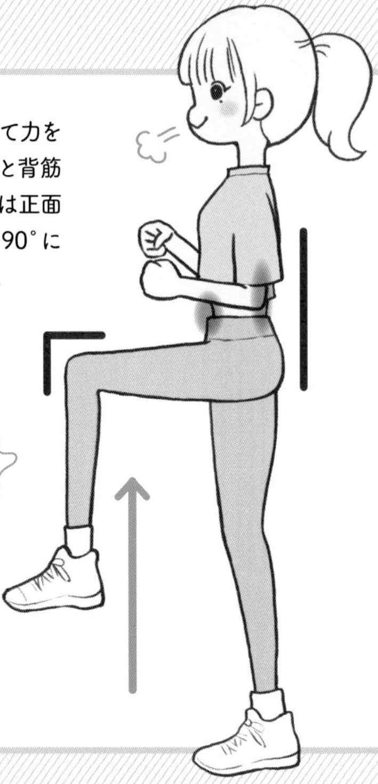

ふーっと息を吐いて
お腹に力を入れつつ
姿勢は真っ直ぐに！

STEP 2

ジャンプしながら左右の脚をチェンジ！ ももを高く上げることではなく、空中で脚を入れ替えることを意識して。

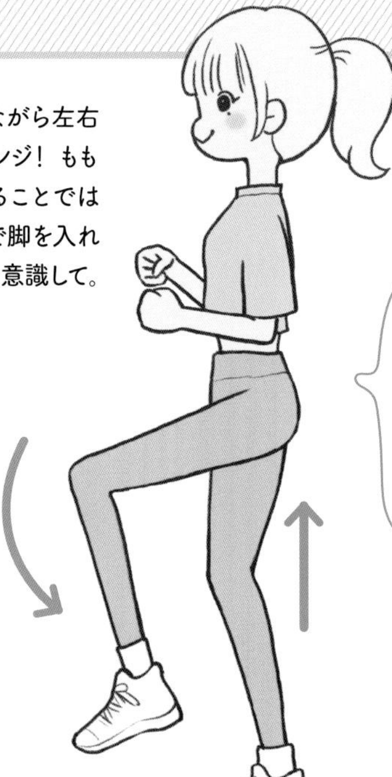

前屈みにならないように、**姿勢をキープしてジャンプ！**

目標セット回数

1～4の流れを

両脚
各10回
×
2set

STEP 3

ももを高く上げるのが
難しい場合は、
できる高さでOK！
ジャンプする足のかかとに
重心を。腕も上手に使って
バランスをとって
フラット着地が重要！
ドンっと音がするくらい
を意識してみて

STEP 1 の逆足バージョンに。お尻とお腹の筋肉を意識しながら、膝を伸ばしてかかと重心で立とう。

STEP 4

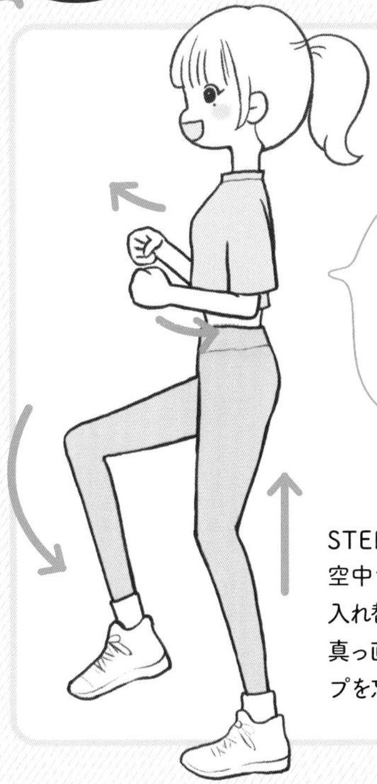
ランニングの
イメージで
腕を振ろう！

STEP 2 と同様に、空中で左右の脚を入れ替える。姿勢は真っ直ぐのままキープを忘れずに。

MITSUKA's POINT

下半身の筋肉を使うので代謝アップにも効果あり！

走っているときの重心は常に体の中心！ 重心と着地を意識しながらやるだけで、自然と下半身を使う動きができるはず。足裏全体でフラット着地をするために重要なトレーニングだけど、一緒に下半身の筋肉も強化しましょう。

前後の動きでもっとヒップアップ

レベルアップトレーニング

応用ランジ

〈バックランジ〉

STEP 1

頭からかかとまで、ぴーんと真っ直ぐな直立の姿勢からスタート！

STEP 2

腰が反りすぎたり、前屈みになりすぎないよう**背中は真っ直ぐ、視線は正面に**

後ろ脚を極力引くことが大切。「これが限界！」からもう１歩引いてみて

STEP 1 の姿勢から片脚を大きく後ろに引いて。前脚のかかとと腹筋を使ってグラグラしないようにバランスをとって。

STEP 3

下げたときに**グラつかないようにしっかりと体を静止**させよう！ 前脚のお尻を特に意識して！

前の膝が直角になるように意識しながら、後ろの脚を地面に向かってゆっくりと下げる。反対も同様に行う。

そのまま
3秒キープ！

目標セット回数

１～３
４～６の
流れを

両脚
各**5**回
×
4set

〈フロントランジ〉

STEP 4

グラグラしないために**は腹筋とお尻に力を入れる**ことが大切

姿勢は真っ直ぐ、立っている膝も曲がらないようにしながら、もも上げを。

STEP 5

つま先は、上がりすぎたり、
下がりすぎたりしないように、
足首は自然に
かかとからつま先へ
スムーズに重心を
移動しよう

高く上げた脚をぐいっと大きく前に踏み出そう。フラフラしないように、腹筋には力を入れ続けてキープ！

STEP 6

フラット着地が重要！
ドンっと音がするくらい
を意識してみて
お尻やもも裏にきちんと力が入っているか触ってチェックしてもOK！
そのまま
3秒キープ！

前脚の膝がほぼ直角に近くなるまで、大きく踏み出して。股関節を大きく動かして踏み出す。反対も同様に行う。

代謝を落とす走りが叶う!

レベルアップトレーニング

ジャンピングスクワット

目標セット回数

1～4の流れを

5回×4set

STEP 1

全身はリラックス
肩も力を抜くけれど
姿勢はぴーんと真っ直ぐ!

腰に手を添え、脚は肩幅に開く。背筋を伸ばして準備をする。手は自然に下げていてもOK。

STEP 2

お尻は下ではなく、
真後ろに引いていく
イメージで
下を向くと上手く
ジャンプできない!
視線は正面に向けて
膝を曲げるのを
意識せず
股関節を使って!

足首や膝を曲げるのではなく、股関節を曲げながらお尻を後ろに突き出すようにして体をかがめる。

STEP 3

ここでも使うのは**股関節**。
お尻と腹筋を使ってジャンプ！

かがんだ体勢から、股関節を伸ばし、お尻をグッと持ち上げるようにしてジャンプ。視線は引き続き前を見たまま。

STEP 4

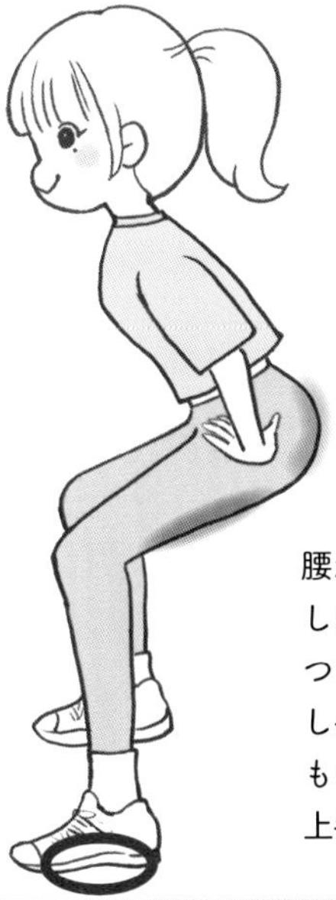

両脚同時に
しっかりと着地。
できるだけフラット
着地を意識して

腰が折れて下を向いてしまわないように気をつけながら、両脚でしっかり着地を。お尻ともも裏が痛くなったら上手にできている証拠。

MITSUKA's POINT

上向きなお尻を目指してジャンプ

ランニング中は片脚ずつで行われている動きを、より力強くできるようになるために大切なトレーニング。膝の力を使わずにできているかどうかは、お尻を触ってチェックしてみるのがおすすめです。

楽しみながら走り方＆筋力アップ

レベルアップトレーニング

バウンディングジャンプ

STEP 1

左脚を上げながら軸足で地面を蹴る。股関節を大きく動かすことを意識して、前に跳ぶ準備。

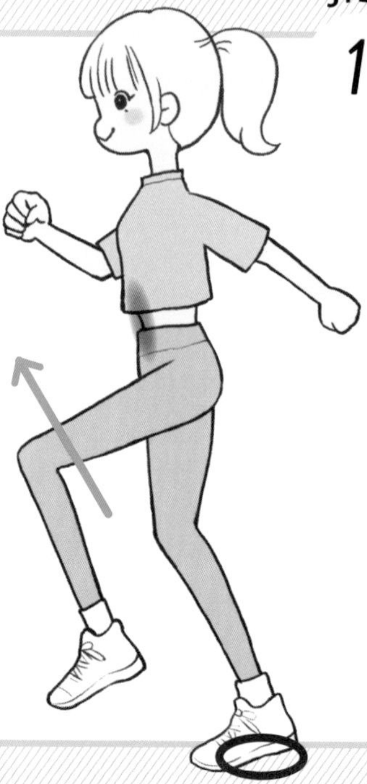

スクワットジャンプと同じように**使うのは股関節！**

蹴り出すときにはつま先を使わずに**足裏全体を使う**

STEP 2

前屈みになると大きく進みづらいので**腹筋も力を入れたまま**

脚を高く上げることを意識せずに**股関節と腸腰筋で脚を上げよう**

お腹に軽く力を入れ、足首と膝の関節をしっかり固定して、思いっきり斜めにジャンプする。

目標セット回数

1～4の流れを

5回×4set

STEP 3

着地の位置は、体の真下にくるように。そうすることで、地面の力を上手に使って進むことができる。

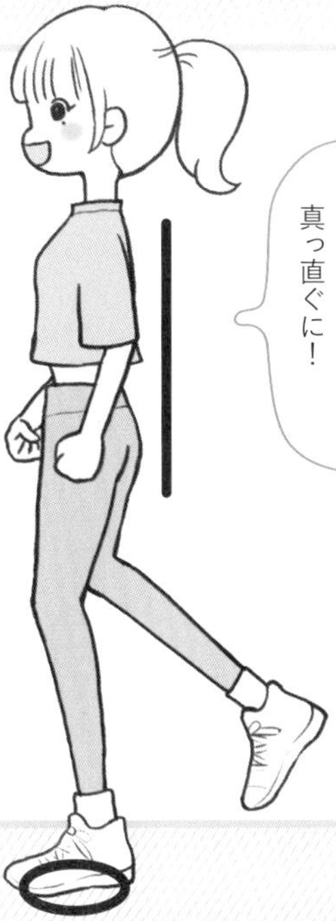
姿勢はしっかりと
どんなときでも
真っ直ぐに！
そして着地は
フラット着地が
いつでも大切

STEP 4

進む方向をしっかりと
見て怖いときはジャンプ
を低くしてみて
腕は自然な動きで
OK！ランニング中
をイメージ

逆脚も、股関節とお尻を意識して。高さや跳ぶ距離ではなく、リズム良く進めることを大切に。

MITSUKA's POINT

全身を大きく使って体の使い方をチェック

姿勢の良さ、脚ではなくお尻を使うこと、フラット着地のすべての動きが詰まったトレーニング。上手にできている＝やせランに必要な動きがマスターできているので、動きの復習にもぴったり！

志村式トレーニング

▼

気になる部位もやせる！

体を引き締めて美脚＆美尻が叶う

お腹やお尻など気になるパーツを集中トレーニング

やせランに必要な筋肉を鍛えつつ、さらにボディラインを引き締めたいときにおすすめのトレーニングを志村美希さんがご紹介。

ぽっこり下腹やくびれづくり、美脚＆美尻まで気になる部位や体型を引き締めるトレーニングをプラスすることで、やせランとの相乗効果が得られるはず。

また、トレーニング・ランニングのあとには使った筋肉をほぐしてあげるストレッチやマッサージをとり入れるのも◎。

毎日やらなきゃ！と気負わずに、好きな動きを選んでたま〜にやるだけでももちろんＯＫ。脚のむくみの解消にもなるので、走っていない日にもとり入れてみると全身がスッキリする上に疲労回復にも役立ちますよ。

POINT!

部分やせを狙うなら効果の高い筋トレを

引き締め効果とランニングする筋力を同時に鍛えられるトレーニングは負荷の高いものも多め。初めは目標回数までできなくても大丈夫。コンスタントに続けることで徐々に筋肉が付いていくので、諦めずにできる回数で続けていこう。

ぽっこりお腹＆反り腰を改善

志村式トレーニング
レッグレイズ

STEP 1

床の上に仰向けになる。脚は肩幅程度に開き、両腕は体の横に置き、手の平を床につける。

かかとから後頭部を
しっかり床につけて

STEP 2

膝をしっかりと
伸ばしたまま
持ち上げよう

息を吸いながら
脚を上げる

息をゆっくりと吸いながら、両脚を真っ直ぐ上げていきます。このとき、手の平でも体を支え、腹筋を使って脚を上げる。

息を吸って脚を上げ、吐きながら下げる

OK!

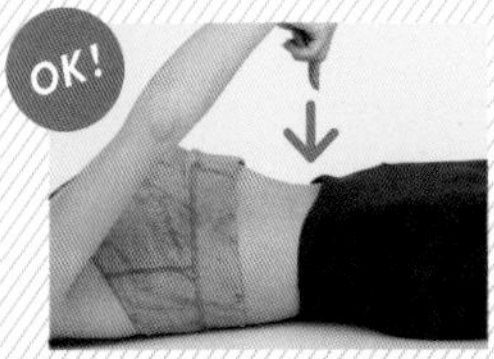

お腹に力を入れ、床に腰をぴったりとつける。

NG!

腰を浮かせたまま行うと反り腰の原因に。

目標セット回数

1～4の流れを

5回×3set

STEP 3

真上まで上げていた脚をゆっくりと下げる。このとき腹筋がぷるぷるするけれどがんばって！

腰が浮きやすいので**もう一段階腹筋に力を入れて**

息を吐きながら脚を下げる

STEP 4

かかとを下げるのは床から10cmくらいのところまで、床まで下ろさないこと。そのまま再度、脚を上げる。

下腹部まで効いているのがやせポイント！

かかとは下まで下ろさずに**一番キツいところまで**

SHIMURA's POINT

背中の筋肉をゆるめて正しい姿勢でランニング

背中にも力が入るトレーニングなので終わったあとは前屈で腰をゆるめよう。反り腰改善にも効果あり！

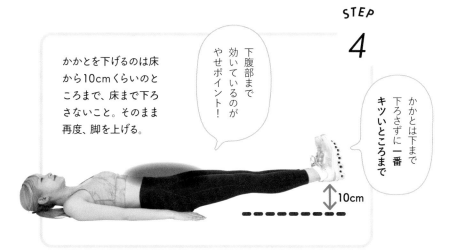

お腹まわりの脂肪を燃やす

志村式トレーニング
プランク

STEP 1

足はくっつけたまま、床にうつ伏せになり、足のつま先を立てる。肩の真下から肘下をついて、上半身を上げる。

肘から手の横を
ぴったりと
床につけよう

STEP 2

腹筋を使って体を持ち上げ、頭からかかとまで一直線にする。お尻を上げたり、落ちてしまわないように、注意！

視線は手の間で
呼吸を止めないように
気をつけましょう

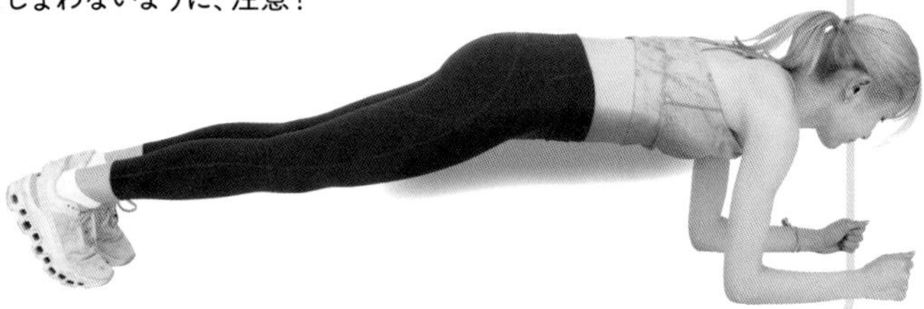

SHIMURA's POINT

慣れるまでは
膝をついてもOK！

慣れるまでは、膝をついてもOK。
そのときはお尻から肩まで真っ直ぐに。

目標セット回数

1〜2の
流れを

10秒
×
3set

くびれづくりに効果的

志村式トレーニング

サイドプランク

STEP 1

横向きに寝て、肩の真下で肘から下をつき、脇腹を使って体を持ち上げ、腕も上げる。グラグラしないよう視線は正面。

片腕と脚だけで体を支えるので難易度も高め！

STEP 2

体の下を通して背中側へ腕を下げる。このとき、肩甲骨を抱え込むように上体をひねるのがポイント。反対も同様に行う。

お腹をひねることがきれいなくびれづくりに役立ちます

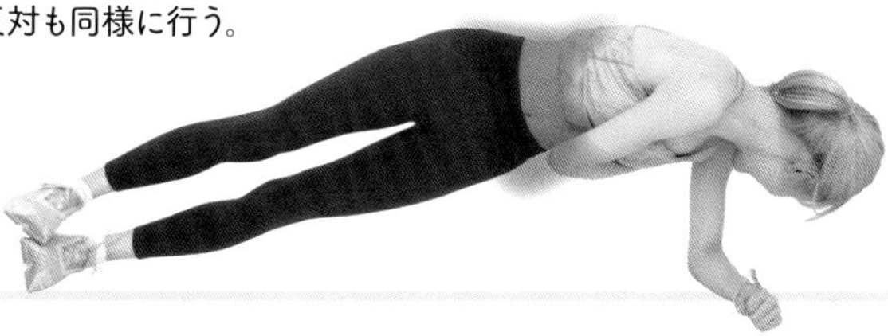

SHIMURA's POINT

終わったらすぐに腹筋をストレッチする

お腹を使ったトレーニングのあとは、うつ伏せから上半身を持ち上げてお腹をしっかり伸ばして。

目標セット回数

1～2の流れを

片腕各3回×4set

美脚＆美尻が叶うトレーニング

志村式トレーニング

アダクション

STEP 1

床に横向きに寝て、上げた腕を枕にし、骨盤を床と垂直にする。上側の脚のひざと股関節を90°に曲げ、体の前に置く。

体側を床につけて
手は骨盤に添え傾いて
いないかの目安に

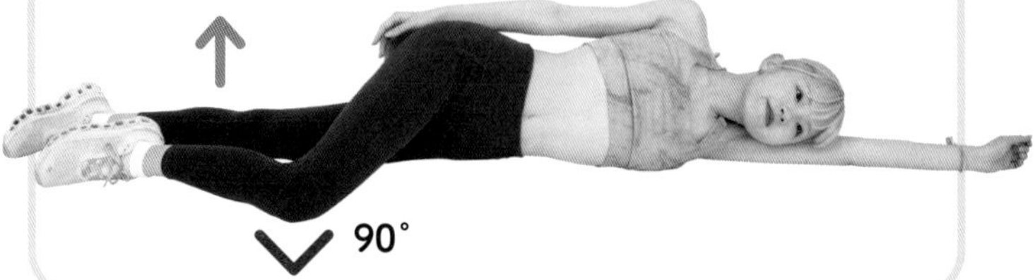

STEP 2

前に置いた脚が動かないように手で骨盤をおさえ、後ろ脚はつま先を正面にし、持ち上げる。高さはできるところまででOK。
反対も同様に行う。

膝と足首は固定し
内ももの筋肉を
しっかり鍛える！

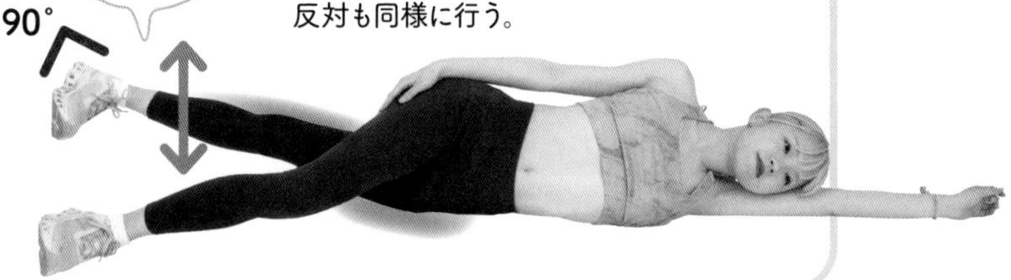

SHIMURA's POINT

着地の意識を変えると
足の内側が引き締まる！

ウォーキングの着地で足裏の内側を使う意識を持つと、脚の内側に筋肉がつきます。脚の外側に筋肉がつく人は着地を見直して！

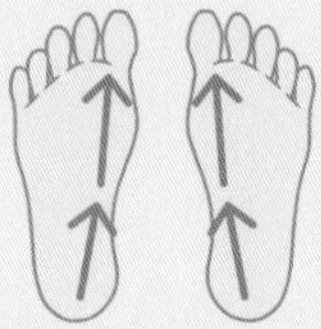

目標セット回数

1～2の
流れを

片脚
各6回
×
3set

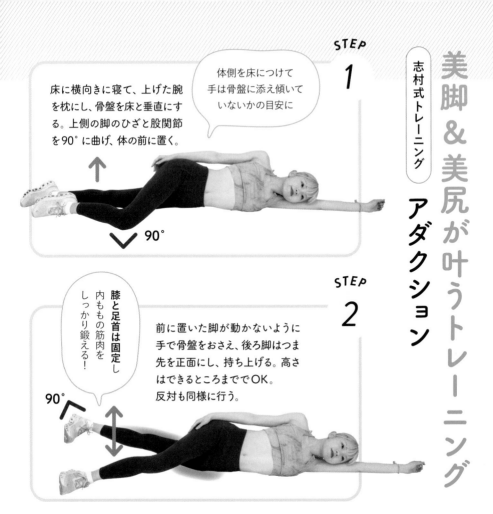

骨盤を整えて美尻を作ろう！

志村式トレーニング お尻上げ筋トレ

STEP 1

腰が落ちないよう
お腹にもきちんと
力を入れてね

手は肩の真下、膝は骨盤の真下につき、つま先を立てる。頭からお尻までは一直線になるようにし、視線は真下を見て。

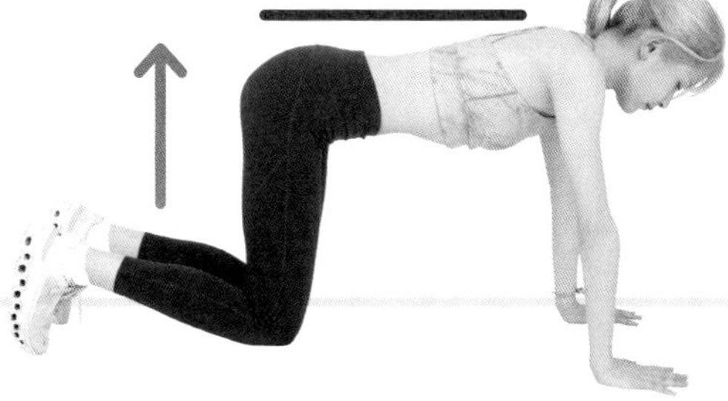

STEP 2

膝は曲げたまま、片脚を上げます。足裏が真上を向き、前ももと床が平行になるようにする。

膝が痛い場合は
タオルなどを
敷いてカバーしよう

STEP 3

STEP 2 から少しだけ脚の上げ下げをくり返します。下げるときは、床と平行のラインまで。つま先と手の平でバランスをとる。反対も同様に行う。

かかとを天井に
押し上げる
イメージ

目標セット回数

1～3の
流れを
片脚
各3回
×
5set

ストレッチ＆マッサージ

MASSAGE
マッサージ

STEP 1

手の平でふくらはぎ全体を優しく包み、ぶるぶると揺らす。足裏を押すのもおすすめ。

STEP 2

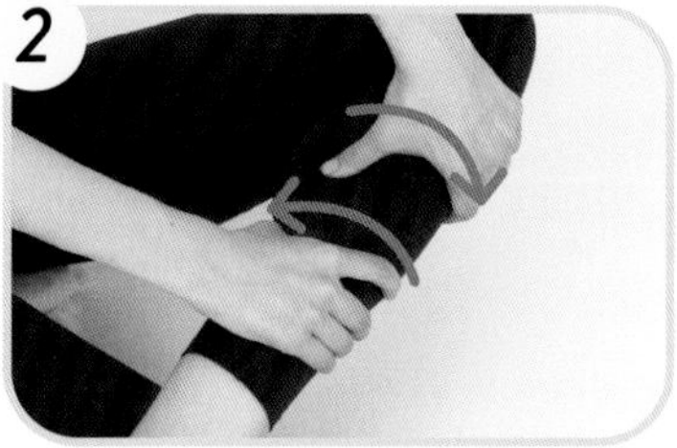

両手でふくらはぎをつかむ。足首から膝に向かって雑巾を絞るイメージで交互にひねる。痛気持ちいい強さが目安。

STEP 3

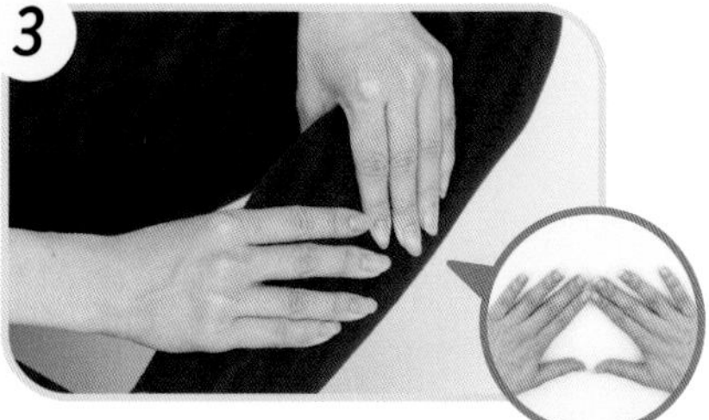

両手の親指と人差し指を合わせ三角形を作り、足首から膝裏に向かってふくらはぎの筋肉をもむ。

STEP 4

両手の平を使い、足首から膝裏に向かってなでる。脚は高く上げるのがおすすめ。

STEP 5

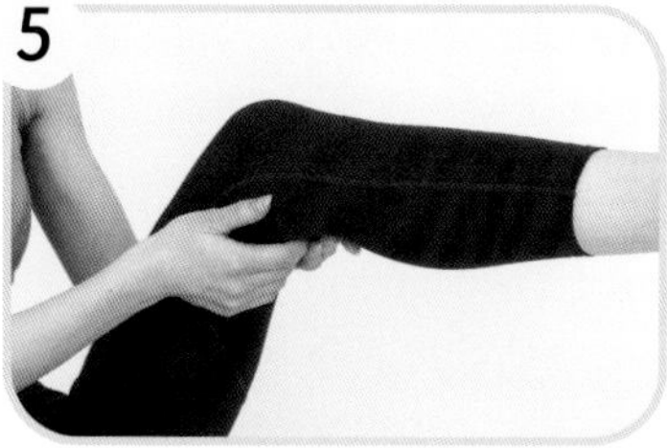

指先で膝裏を優しく押す。腱などが集まっている場所なので強く押したり、グリグリいじらないよう注意。

STEP 6

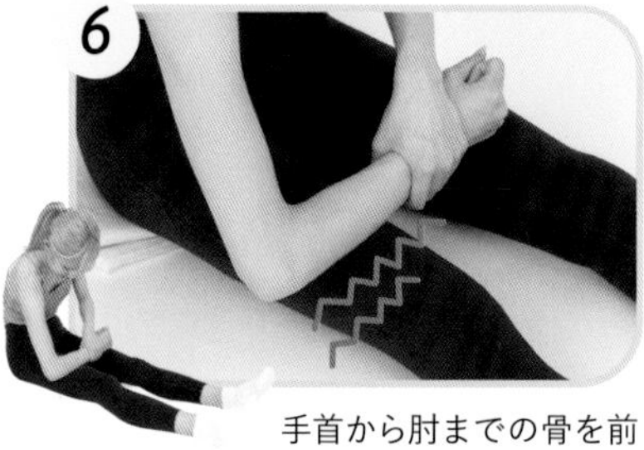

手首から肘までの骨を前ももに当て、自重で押す。膝からそけい部まで押す位置を変えてマッサージする。

好きなのをえらんでたま〜にやってみてネ！

志村流・がんばらない STRETCH ストレッチ

前ももストレッチ

背中を床に倒すと
さらに負荷がかかる

片脚を曲げて座り、そのまま腕を支えにしながら後ろへ倒れる。痛みがある場合は、曲げた膝を少し広げて。

お尻ストレッチ❶

痛ければ前脚の
膝は曲げてもＯＫ

前脚の膝を90°に曲げ、後ろ脚を伸ばし、前脚側のお尻をストレッチ。前屈みになると効果アップ。

ふくらはぎストレッチ

壁や低めの段差を
使ってやってね

段差の上に立ち、かかとを段の外に出してふくらはぎを伸ばす。親指側、中心、小指側と、つま先の位置を変える。

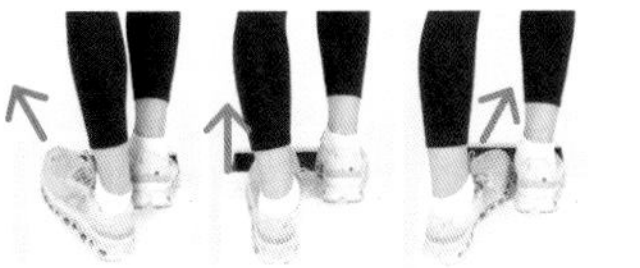

お尻ストレッチ❷

できる人はかかとと
お尻を近づける

体育座りをし、片脚を逆脚の膝に乗せる。乗せた脚を逆脚で押すようにしてお尻の下の部分を伸ばす。

COLUMN

04

三津家貴也の

ランニング＆食事に1日密着

14:00

撮影や打ち合わせなど外での仕事に行く

ランニング教室

打ち合わせや、動画の撮影など外の仕事に出かけます。SNS関係の仕事、ランニング教室や大会など全国色々な場所に伺います！

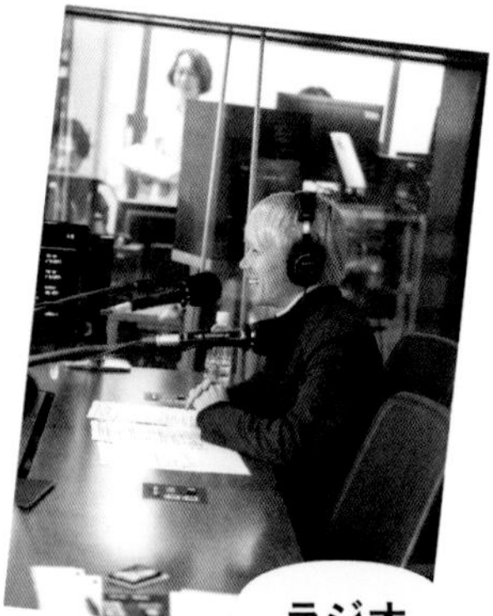

ラジオ

打ち合わせ

動画撮影

小腹が空いたらお菓子やパンをつまみます！さくさくぱんだが好きでよく食べます(笑)

コンビニで見かけたら手にとっちゃう！

PART 4

楽しみながらレベルアップ やせラン 応用編

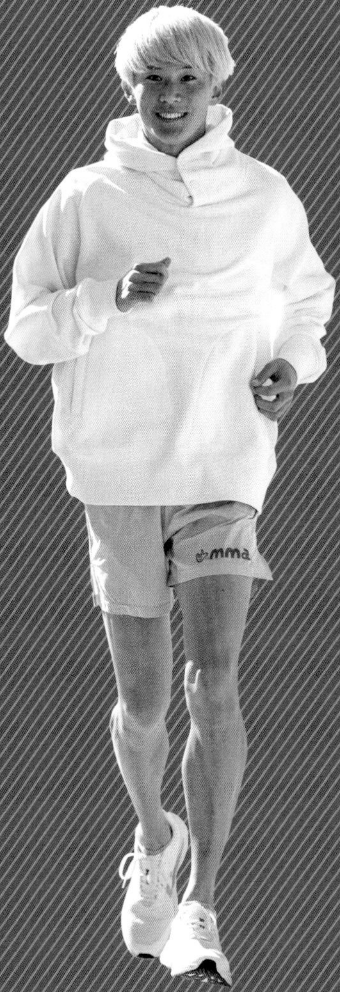

PART 4

もっと楽しくなるやせランの方法

疲れづらくて楽に走れる基本を身につけたら、次のステップはその基本から1歩進んでより長い時間走ることができるようなコツを覚えていきましょう。

やせラン 1

「脚の引き上げを意識する」

楽に走るためには脚の動きも大切。後ろに流れて余計なエネルギーを使わないためのコツを知ろう。

108 ページへ

やせラン 2

「リズム良く走る」

走るペースは人それぞれですが、リズム良く走ることも大切です。筋肉を動かすリズムをレッスン！

114 ページへ

やせラン 3

「地面の反発を利用する」

筋力だけでなく、着地したことで加わる地面からの反発の力をもらってよりスムーズな走りを。

120 ページへ

基本をおさえたあとは 脚の動きをマスター

正しい姿勢・お尻と股関節の伸展・フラット着地の3つの基本ができるようになり、走るのが少しずつ日常になってきたら、次のステップに進みましょう。脚の動きをしっかりと意識して、より楽に、長い時間走れるようになるのに大切な3つのコツを紹介します。まずは練習から、やってみよう！

MITSUKA'S CHECK POINT

脚の引き上げを意識する

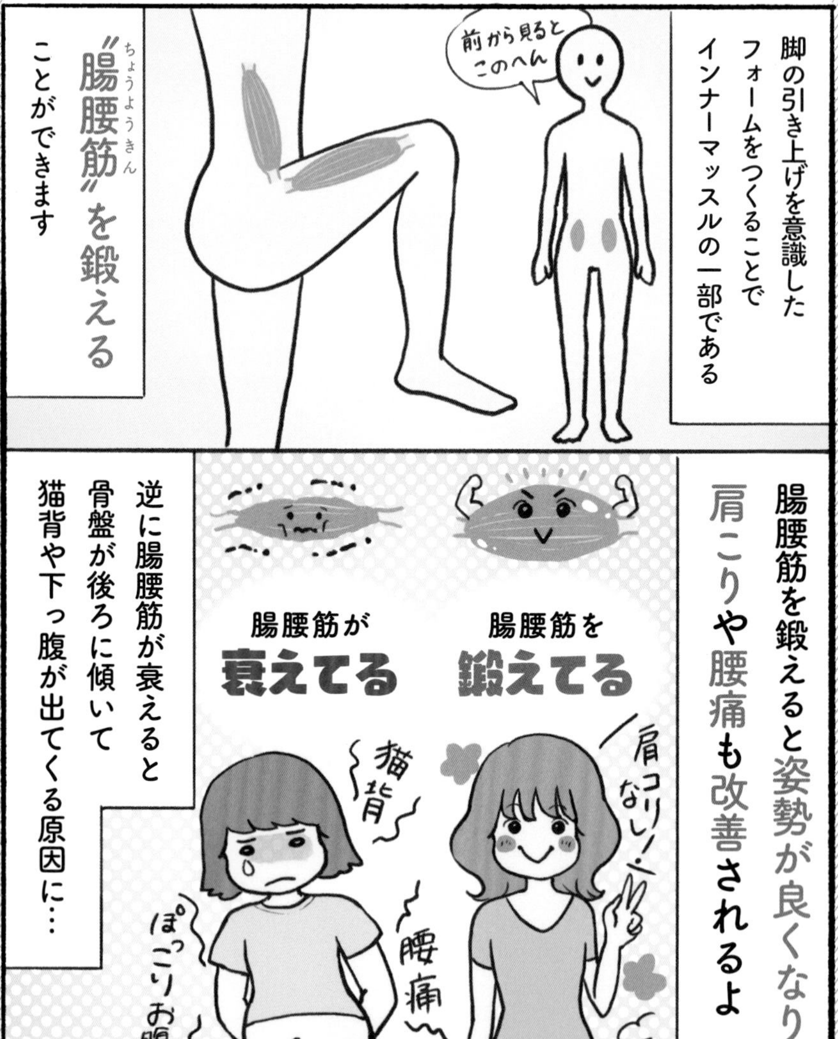

脚の引き上げを意識したフォームをつくることでインナーマッスルの一部である
前から見るとこのへん
〝腸腰筋《ちょうようきん》〟を鍛える
ことができます
腸腰筋を鍛えると姿勢が良くなり
肩こりや腰痛も改善されるよ
腸腰筋を
鍛えてる
肩コリなし！
腰痛解消！
腸腰筋が
衰えてる
猫背
腰痛
ぽっこりお腹
座骨神経痛
逆に腸腰筋が衰えると
骨盤が後ろに傾いて
猫背や下っ腹が出てくる原因に…

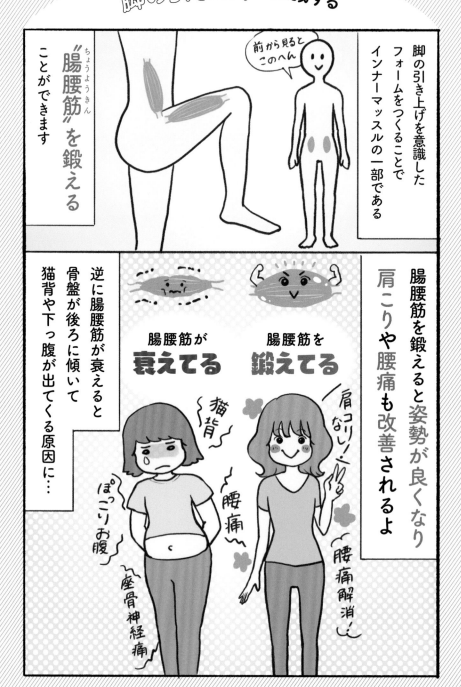

OK
脚を前に引き上げる
意識が大切

NG
足の裏が上に向いてしまう
と前に脚を出すのに
かなり筋力を使う

脚は後ろに流さずに前へしっかり引き上げる

正しい姿勢や股関節の動きを意識していても、前へ進もうという気持ちが強いと、着地後の脚の動きが疎かになりがち。着地から脚を上げるときに、つま先で地面を引っ掻くように離して走ると、膝裏が痛くなり姿勢も徐々に前屈みになってしまいます。足裏を地面から離すときは地面を後ろに蹴るのではなく、ももを引き上げる動きが大切です。また、後ろ脚が流れてしまうと、前に戻すためにたくさんの筋力が必要になってきます。脚の動きはあくまでも、前へ、上へ！ 余計な筋力をできるだけ使わないことは疲れない秘訣でもあるので、脚の引き上げをマスターしておきましょう。

LET'S DRILL

もっと脂肪が燃える走り方を学ぼう①
脚を使ったフォームを確認

余裕のあるフォームは、余裕のある走りにつながります。
股関節の動きだけでなく膝と、ももの動きも意識してみて。

STEP 1

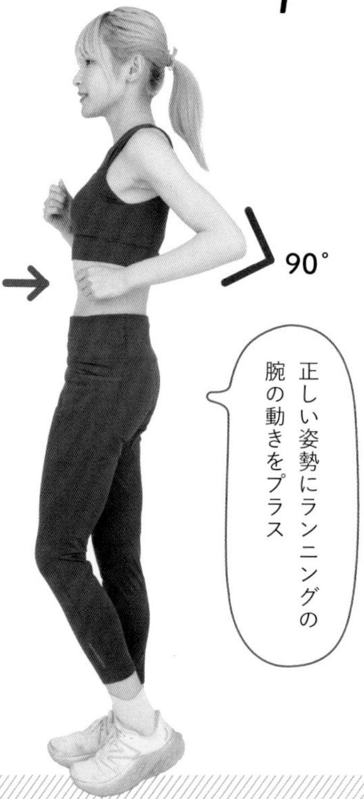
90°
正しい姿勢にランニングの
腕の動きをプラス

基本の正しい姿勢で真っ直ぐ立つ。腸腰筋を使うので、お腹にもしっかり力を入れましょう。腕でバランスをとるので肘も90°以上曲げよう。

STEP 2

息を吐きながら
股関節と腹筋で
脚を引き上げ

足首を固定し、腹筋を使って大きく股関節を動かす。できるだけももを引き上げ、脚を伸ばして前に出す。重心は体の中心をキープしましょう。

NG POINT

戻した脚が後ろに流れてしまうと、体も前屈みになってしまい次の脚を引き上げる時間的なロスも発生！

脚が後ろに流れると、次の接地も体の前にきてしまいブレーキがかかる。

STEP 3

膝は伸ばしたまま、振り子のように脚を後ろに戻す。前へ進むための動きなので引き上げた脚が後ろにいかないように注意して。

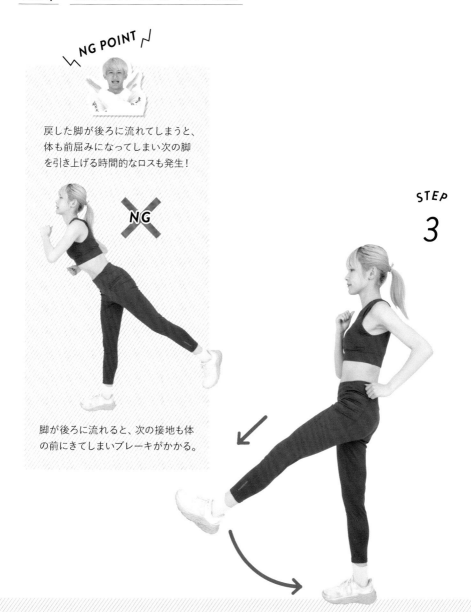

LET'S DRILL

もっと脂肪が燃える走り方を学ぼう②

脚の引き上げを練習しよう！

ももの力ではなく、腸腰筋を使って脚を引き上げる練習をしてみよう！
ぽっこり出てしまったお腹を鍛えることができるのがうれしいポイント。

STEP 1

腹筋に力を入れ、姿勢は真っ直ぐに。
体幹がぶれやすい練習なので正しい
姿勢を再度しっかりと意識してスタート！

STEP 2

顔は正面に向けて
かかとが動く軌道を
頭の中で思い描いて

股関節を起点に脚を上げていきます。
このとき、かかとが軸足に沿うように
真っ直ぐに上げるのがポイント。

NG POINT

足首や足の裏の位置がとても大切。
できるようになるまで練習しよう！

つま先が下を向き、足裏が水平でないとフラット着地しづらくなります。

STEP 2 で膝が落ち、脚が4の字になってしまうと後ろに流れる原因になるので注意！

STEP 3

足裏にも意識を向けて**地面と平行**になっていることを意識しましょう

ももが床と平行になるくらいまで上げたら、真下に脚を下ろしましょう。このとき、フラット着地を忘れずに。

MITSUKA'S CHECK POINT

リズム良く脚を回転させる

なんだかリズム感のない走りだな～と感じるときはありませんか？
なぜか足がバタバタする….
初心者さんはリズムに乗って走るイメージがつかめてない人って多いと思うんですよね
リズム良く脚を回転させるのはコツをつかめば誰でも簡単にできます！
スキップ練習
片脚ケンケン
この走り方を覚えると脚がスムーズに前に出て疲れない走りに変えることができるよ
どんどん走れる!!

走るとき前に出した脚を スムーズに戻そう

走るペースは人それぞれ違ってもＯＫ。ですが、テンポが決まっておらずリズム感のない人は改善が必要です。脚を蹴るように走る、着地が悪い、など原因はさまざま。

お尻や股関節を使った走りやフラット着地を習得したら、脚を後ろからスムーズに戻すための練習がスタート。お尻やもも裏といった大きな筋肉を使いながら、タイミングを整えてリズム良く脚を戻すことで、より体に負担なく速く走ることができるようになってきますよ。ケンケンやスキップなど、馴染みのある動きをトレーニングにとり入れて、スムーズに脚を戻せるようになると自分のテンポやリズムが分かりますよ。

LET'S DRILL

リズム良く走って代謝を上げよう①

その場で片脚ケンケン

この練習は自分のランニングのペースの目安になります。
息が上がらない程度に続けられるリズムを探し出してみよう。

STEP 1

膝と足首のバネを上手に使おう

正しい姿勢から片脚立ちになります。軸足は跳ぶために膝を少しだけ曲げて準備しましょう。

STEP 2

前ではなく真上に思い切ってジャンプ！

上に向かってジャンプするタイミングで曲げている脚の膝を前に持って行こう。慌てずにゆっくりとやってみて。

NG POINT

脚はきちんと後ろに戻す。浮かせた脚の動きに集中するのが上達のコツ

STEP 3 で脚が後ろに戻っていないと、全身のバランスをとるために上半身がグラついて危険です！初めは脚が前のまま着地しがち。走るリズムの練習には、脚は後ろに戻すことが大切。

STEP 3

ジャンプできるリズムが走るときのペースにもつながります。左右の違いも確かめながらじっくり練習しよう

脚を前後に大きく振るイメージで、膝を後ろに戻しながら、床に降りる。着地する軸足の膝はできるだけ真っ直ぐに。

LET'S DRILL

リズム良く走って代謝を上げよう②

スキップ練習

リズム良く、そして大きくスキップができれば地面からの反発を利用して、スピード感のある走りができるようになります。笑顔でやってみよう!

STEP 1

ここからは上に跳ぶだけでなく
前に進む練習もプラス!

片足ケンケンでジャンプと脚の回転を練習したら、次は前に進む練習を。正しい姿勢で片脚を上げて準備。

STEP 2

視線は進む方向を
見つめて腕で全身の
バランスをとりましょう

上げた脚を後ろに引きながら、前へ跳ぶ準備体勢に入る。上半身は真っ直ぐをキープ。

MITSUKA's POINT

ランニングに近い動きで覚える！

走りと似た動きでまずは地面との反発を感じるのが目的！ フラット着地も意識して一緒に習得しよう。

STEP 3

勢いをつけて
大きく前へ向かって
ジャンプ！

軸足をバネに、前脚は股関節から大きく動かして膝を前方に上げてスキップ。前脚のつま先も正面に向けて。

STEP 4

着地は足裏全体での
フラット着地を忘れずに

着地した脚の膝は極力真っ直ぐに。リズム良くスキップをくり返して左右バランスも整えましょう。

MITSUKA'S CHECK POINT

地面の反発を使って走る

これまでは筋肉の使い方・フォーム リズム感で楽に走れる方法を紹介してきました！
筋肉の使い方
色々覚えたヨ！
フォーム
引き上げ
リズム
実はもっと簡単に楽に走れる方法があるんです…それが
ジャジャ〜ン
跳ね返りの力を利用すること
空気の入ったボールを地面に叩きつけるとポーンと弾んで返ってきますよね？
ポーン
これは人間の体でも同じことが起こるんです
正しい姿勢と着地ができると体がしっかり跳ねて楽に進めます！

効率よく走るために地面からの力も利用する

ランニングは何度も地面との接地をくり返す運動。フラット着地で地面をしっかりとらえられれば、地面からの反発の力も大きくなり、より楽に走ることができます。体が真っ直ぐで軸がしっかりしていること、きちんと体の真下にフラット着地することによって、その反発の力は最大限にいかされてきます。効果的な練習は、ケンケンやジャンプしながらの脚の切り替え。ケガにも注意しながら、まずは自分のできる高さから挑戦しましょう。

正しいフォームが大切になる動きでもあるので、どの部分が苦手かを見極めるのにも役立つ運動になりますよ。動きも楽しいドリルなのでぜひやってみてください。

LET'S DRILL

反発力を感じて楽に走ってやせる①

片脚ケンケンで前に進む

片脚でバランスをとりながら、前にジャンプして進むためには体幹が重要！
走っているときに脚を地面から離すことを想像しながら思い切り跳ぼう。

STEP 1

ランニングしている自分の姿を想像しながらトライ！

正しい姿勢になったら、片脚立ちになる。軸足の膝を少し曲げて後ろに引き、斜め上に跳ぶ準備が完了。

STEP 2

斜め上に飛び出すイメージで思い切って跳んでみよう

跳ぶタイミングで浮かせた方の膝をしっかりと折り曲げ、進行方向に向かって出しながらキック。

MITSUKA's POINT

実はお尻まわりの筋トレなんです！

動き自体は楽に見えるのに、これはお尻ともも裏の筋肉を使っている動きなんです。だから自然と筋トレができちゃう！

STEP 3
自分ができる**最大限まで遠く**を目指してみて
STEP 4
しっかり**フラット着地**で次のケンケンが跳びやすくなるよ

上半身は正しい姿勢のままでないとバランスが崩れてしまうので注意。降りてくるタイミングで浮かせた脚を戻す。

着地のときには膝を曲げないように気をつけましょう。体の真下にフラット着地して地面の反発を感じよう。

LET'S DRILL

反発力を感じて楽に走ってやせる②

上に向かってジャンプして進む

最後のドリルは今までの総集編です。これができるようになれば、三津家式やせランをマスターしたも同然。細部まで意識してチャレンジ！

STEP 1

始めは低く小さい
ジャンプでも大丈夫

地面と足裏が離れる感覚が体感できるドリル。その場で両脚ジャンプし、そのまま両脚で着地。着地した瞬間に左脚を上げ、再びジャンプする。

STEP 2

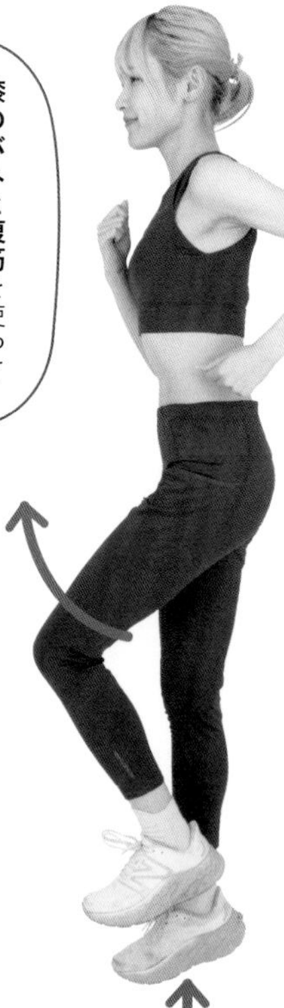

膝のバネと腹筋を使って
真上にジャンプ！

両腕で体幹がブレないようにバランスをとりながら、真上にジャンプ。不安な場合は、その場で両脚ジャンプをくり返して。

MITSUKA's POINT

今までのドリルをおさらい!

リズム感・お尻と股関節を使えているか・正しい姿勢のキープ・フラット着地という一連の流れを意識しながら練習してみて。

STEP 3

上手に地面と足裏が離せると
反発力をもらって
楽にジャンプできる

空中に上げた脚と、軸脚が揃うように地面に着地する。このとき両脚が真っ直ぐ揃い、フラット着地、視線は正面になっているか確認しよう。

STEP 4

始めは小さいジャンプから
慣れたら**腕を振って**
大きく上に跳んでみて

両脚でフラット着地したところから、反対の脚を空中に上げてジャンプする。慣れたらさらに高く跳んでみよう。

COLUMN

05

三津家貴也の

ランニング＆食事に1日密着

19:00

しっかり体をほぐしてから仲間と一緒に練習！

いつもだいたい
同じ場所で練習！

朝から仕事の日は夜に走ります。練習前に食事はせず、チョコなどの糖分を少しだけ。走ったあとのご飯を楽しみにがんばります。

動画にも出ているランニング仲間の松永健士さんが主催する「健ちゃん練」に参加する日も！ 一緒に合宿をすることもあります。

20:00

仲間とごはん＆ご褒美のお酒を楽しむ

走ったあとは
ごはんもお酒も
気にしない！

仲間と練習したあとはご飯を食べに行きます！ お酒も気にせず飲みます。家に帰ったら、翌日にお酒が残らないように水分補給やビタミン系サプリを飲みます。

PART 5

もっとやせランが楽しくなる
三津家レッスン

LET'S START!

1

習慣になるまでは無理せずラフに

ランニングが日常的な習慣になるまでは、何曜日の何時に走る！ なんてガチガチのプランは立てずにおこう。心のおもむくままに。走りたいときが走りどき！

“やせランを楽しく続けるためのコツ”

体にうれしい効果だけでなく、実はやせランを楽しむ秘訣はもっとたくさん。
モチベーションが下がったときもこのページを開いてみて！

2

小さな目標を決めよう

初めは、目標を決めるとしてもタイムでなく走る時間。1回5分でももちろんOK！ 次は7分走ってみようかな、と少しずつ延ばすだけで自信につながる。

3

お気に入りの コース探しをしよう

コンビニまで、夕焼けが綺麗そうだから、公園を一周、など好きなコースをいくつか持っておくと、今日はあそこに行ってみようというモチベーションが生まれる。

4

スマートウォッチを 活用しよう

運動時間やカロリー、心拍数などをチェックできるスマートウォッチ。データが蓄積されていくことで、数字を見るのも喜びや自信になる。もちろん、気にしすぎはNG！

5

友達と一緒に走ることで 楽しさアップ

楽しくおしゃべりができる程度の速度と呼吸がやせランでは大切。予定を合わせて走って、その後はそのまま近場でお茶するなど遊びの一環としてとり入れてみて。

6

無理は絶対NG 楽しめないならお休みも大事

楽しくないことは続かない。なので、今日は走るのやめておこうかな、と感じたらその気持ちに従おう。体を動かしたくなる気持ちが湧き上がってくるのを待って。

7

外のイベントに参加したり 好きなランナーを見つけよう

本格的な大会以外にも、走ることを楽しんでもらうイベントが増えています。好きなランナーを見つけたり、教室に参加すると新しい発見があるかも。

8

ランの前後に 楽しみを見つけよう

ランニングと一緒にセットで楽しめるものを見つけよう。旅行中に街を走りながら観光する“ラントリップ”や、銭湯に荷物を預けて走りに行き、戻ってきたらお風呂に入る銭湯ランなどもおすすめ！

9

まわりから言われた うれしいことを大事にしよう

ランニングが習慣になると「なんか変わったね」など友人から言われる機会も増えるかも!? そのときの気持ちが今後のモチベーションに。褒め言葉も栄養に。

10

まわりの音と音楽と一緒に楽しもう

気分を上げる、リズムをつかむためにも音楽を活用しよう。ただし暗い道や交通量の多い場所などでは安全が第一。きちんとまわりの音も聞こえるようなガジェットを選んで。

11

服装やシューズにこだわっておしゃれを楽しもう

ファーストウェア&シューズからお気に入りを増やしてみよう。今日はこれを着てみようとファッションの楽しみを加えることで、外に出るモチベーションアップ。

切るためのプロセス

ポテンシャルを持っています！ チェック項目を埋めてランナーを目指そう。

STEP 1

生活習慣にとり入れてみよう

- □ まずは3分だけ散歩する
- □ 1日3分の散歩を2日連続でする

↓

- □ 8分の散歩をする
- □ 10分の散歩中に時々小走りする

ADVICE! 最初から無理せずできる範囲で始めてみよう！ やらないと…と義務に思わず、決してがんばらないこと(笑)。やせランを続けるための楽しみを見つけてみよう！

詳しくは128ページへ

↓

- □ 15分の散歩を週3日以上続ける

ADVICE! 習慣化すると脚やお尻が筋肉痛に。ストレッチやマッサージ、お風呂に浸かるなどして筋肉をほぐして。

詳しくは102ページへ

STEP 2

ウォーキングから始めてみよう

- □ 基本のウォーキングを10分練習する

ADVICE! 姿勢を気にして歩くだけでもやせ効果あり！ 2日連続で続けられただけでも偉いと思って歩くことを習慣付けよう。

詳しくは58ページへ

↓

- □ 15分ウォーキングをする

ADVICE! 準備体操をしてから走ろう！ 気分が乗ってきたらウォーキングの合間に小走りしてみて！ 疲れたら途中で散歩のペースに戻しながら進もう。

詳しくは32ページへ

↓

- □ 20分のウォーキング中に時々小走りする
- □ 20分のウォーキングを週3日以上続ける

笑顔で30分走り

実は30分を笑顔で走り切ることができる人は、ハーフマラソンに出場できる

STEP 3

さぁジョギングをしてみよう

- □ 基本のジョギングを5分練習する

詳しくは60ページへ

- □ 5分のジョギングを週3日以上する

↓

- □ やせる動きづくりをしてから10分ジョギングをする

ADVICE!　体をあたためる全身運動をしてから走ると燃焼効果もアップ！ また体が動きやすく感じるはず。脂肪を燃やせる動きづくりをとり入れてみて。

詳しくは68ページへ

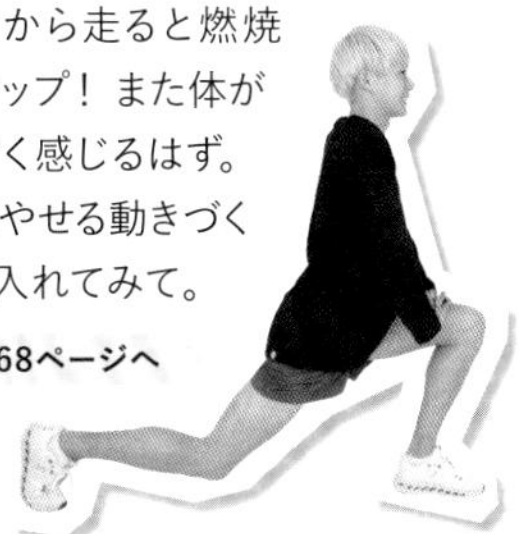

↓

- □ ウォーキングを混ぜながら15分のジョギングをする
- □ 15分のジョギングを週3日以上する

ADVICE!　運動が習慣になってくると気になるのが体の疲れ。筋肉疲労の回復に効果のあるアミノ酸を摂取できるサプリやドリンクを運動前後か就寝前に飲んでみるのも◎。

STEP 4

ランナーになる準備はOK！

- □ ウォーキングを混ぜながら20分のジョギングをする
- □ 20分のジョギングを週3日以上する

↓

- □ ウォーキング15分、ジョギング15分のセットを週3日以上する
- □ ウォーキング10分、ジョギング20分のセットを週3日以上する

ADVICE!　シューズにもこだわりが出てくるタイミングでラン用の靴や中敷を使ってみるのもおすすめ。足の負担が軽減して、走りやすくなるかも。

↓

- □ 25分のジョギングを週3日以上する
- □ 笑顔で30分ランニングをする

ADVICE!　気持ち良いなと楽しみながら30分走り切れたら、ハーフマラソンを目指せるランナーになっています！ 疲れたら歩く、休憩するなど自分なりのがんばらない方法をとり入れてランニングを習慣付けよう。

楽しみながら
挑戦してみて

QUESTION AND ANSWER

初心者さんの疑問にお答え！

やせランの 一問一答

ランニングだけじゃない、初心者あるあるな素朴な疑問から、
ちょっとしたお悩みまでお答えします！

Q ゆるく走っても継続したらやせますか？

A

習慣にして量を少しずつ増やしていくことで体は変化していきます！

もちろんやせます！ その目標をどこにするかも大切。初めに効果が出るのは見た目のはず！ まずは続けるところからやってみよう。

Q より効果的にやせる走りを知りたいです

A

正しい姿勢とお尻で走る意識が何より大切

下半身に筋肉ががっちり付く体型にならないためにも、姿勢とお尻への意識は常に忘れずに。この2つを守ることで全身やせが叶います！

Q 何を考えながら走れば集中できる？

A

自分の呼吸や走る時間選びに気をつけています

集中の仕方は人それぞれ。音楽でも良いし、おしゃべりしながらでも、続けば良いと思います！ 私の場合、走りに集中したいときは夜ランで呼吸に意識を向けています。

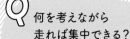

Q

走り続けているとどうしても
反り腰になってしまいます

A

一旦立ち止まって、前屈姿勢でリラックス

初心者のときは走りながら正しい姿勢に戻すのは難しいかも。立ち止まって上半身を脱力して前屈し、再度正しい姿勢から始めよう。

Q

一度ランを休んでリバウンド…
やせにくくなったかも

A

食事にも目を向けて 燃費の良い体づくりを意識して

食事量を減らして運動すると、燃費の良すぎる体になりがち。適度な食事が長い時間運動する秘訣でもあるので、食事と運動のバランスを見つけてみよう。

Q

息が上がってきたら呼吸は
何を意識すべき？

A

ペースが速すぎるのかも。呼吸が整うまでペースダウンを

やせランのコツは楽しく会話できる程度の呼吸やペース。息が上がってツラいのは速すぎる証拠。ジョギングやウォーキングで呼吸を整えて。

Q

手足が冷たく、お腹が
ゆるくなってしまいます…

A

下腹部を温めるアイテムを とり入れてみよう

体の中は温まっていても、手足が冷たい場合は季節を問わず、手袋やレッグウォーマーをプラスして。女性は下腹部が冷えやすいので腹巻きもおすすめです。

Q 甘いもの断ちが難しいのですがOKですか？

A

甘いもの大賛成！効率よく走るのに欠かせないお供です

私のおすすめは、走る前にチョコや和菓子など甘くて、食物繊維の少ないものを食べること。走ってる途中にお腹も痛くなりづらく、効率よくエネルギーになってくれている気がします！

Q ランニングした分、お腹が空いて食べちゃいます…

A

朝起きたときにお腹が空いているかがひとつの目安に

夜ラン後に食べたとしても朝起きてお腹が空いていれば、きちんと消化できている証拠だと思います。我慢すると余計に食べてしまうので、少しの量を好きなタイミングで食べるほうが◎。

Q 走ってる途中で飽きちゃう！どうすればいい？

A

友だちと一緒に走ったり、目的地を設定してみよう

ランが習慣になるまでは、友だちと一緒に、電話しながら、買い物途中に、など目的を別に設定するのが飽きずに続けるコツ。習慣化されれば走る心地良さが目的のひとつになってきますよ！

Q ランニングコースは
どうやって見つけるの？

A
自宅から半径5km圏内の楽しみ探しからスタート

近所の行ってみたい場所を目標にしたり、ランステーションにもなっている銭湯などを起点にしてみては？ 楽しいことがある場所！を軸に見つけてみて。

Q 体重よりも体脂肪を減らしたい
場合はどうしたらいい？

A
長い時間の運動を継続するのがおすすめです

“ゆっくりと長く”走ると脂肪燃焼しやすく体脂肪が減りやすいです。たくさんジョギングをしてみましょう。

Q 生理のときは
ランニングを休むべき？

A
その日の体調次第だけど、お腹は冷やさないようにして

冷え性の女性は多く、生理中は体も冷えやすくなっています。まずはゆっくり体を休めることをおすすめします。無理して気持ちが下がるほうが良くないです！

Q 筋肉がなくて
体の重心がわからない

A
まずは正しい姿勢で立つ練習からやってみよう

走るときの重心をつかむためには、正しい姿勢で立つ、歩くといった段階を踏んだ練習が大事です。まずは立つところから、重心の意識をつくっていこう。

実業団時代まで800mで日本選手権に出場した実績を持つ三津家と、
同じく800mの競技者であり、現在はインフルエンサーとして活躍する志村美希。
ここでしか聞けない2人の特別対談をお届けします！

三津家さんの背中を追いながら私にしかできないことを見つけたい

三津家　今回は僕の書籍第2弾でモデルを引き受けてくれてありがとう！　普段からモデルの撮影も一緒の現場が多いし、動画撮影はもちろん、最近はイベントでもよく会うよね（笑）

志村　お話をいただいたときは私で大丈夫かなと思いつつ、やりたいです！　とお返事させていただきました。撮影もとっても楽しかったです。お互いSNSで活躍する前から知っていたけど、一緒に活動を始めてどれぐらい経ちました？

三津家　僕たちは陸上の中でも競技者の少ない800ｍという競技をしていたから、大学時代からお互い知ってたね。こうして一緒に活動してそろそろ3年かな？

志村　そうですね。私は大学で競技はやめて、社会人としてヨガインストラクターをしていたんです

SNSを通じてランニングの魅力を発信する！！

ランニングアドバイザー
三津家 貴也 × ランニング系インフルエンサー
志村 美希

特別対談

楽しむということを
いちばん大切にしながら
これからも走ります！

が、1年目で心の病気になり、過食症の症状になってしまった時期がありました。走ることをやめていたけど、気分転換にランニングを始めて、すごく楽しくて、心も体も健康になったんです！ SNSで投稿し始めたときに、すでに活躍していた三津家さんに連絡をして、相談に乗ってもらいインフルエンサーとしての活動がスタートしました。

三津家　病気のことは知らなかったからびっくりした！ 俺も同じように、実業団で社会人をしながらSNS活動をしていた時期にがんばりすぎちゃって、心の不調になったことがあって。そんなときに仲間と一緒に楽しんで走るランニングで心も、体も元気になった！ だから志村を見ていると、昔の自分を見ているような気持ちに

なったよ。今はSNSでお互い発信して、ライバルでもあり、仲間でもある、励まし合って刺激をもらえる関係って思ってる（笑）
ランニングの楽しさって、競技としては珍しく、皆で励まし合いながら走れるところにもあると思うんだ。戦う相手は自分だけ、一緒に楽しんでがんばろうという部分にもすごくハマった。志村はこの間、フルマラソンにも初挑戦したんだよね？

志村　はい！　鹿児島マラソンにごく印象に残ってる。マラソン大会ってお祭りみたいじゃない？　レースの前後にその土地の食事を楽しめるし、旅行気分も味わえる。普段の場所からトリップしていろんな場所のマラソン大会に参加してほしいな。ランニングって、走らなければ良かった。と感じることがない。ほんの少しの時間でも、達成感だったり、心地よさだったり、常にやって良かったなと思う。続けるほど、その楽しさを実感でたいから動く！　ランニングが楽しいから苦にならないし、美味しいもの食べるのも、原動力になってる。志村は気をつけてること何かある？

志村　私は3食しっかり食べるけど、血糖値が上下しすぎないように食べる順番に気をつけているかな。確かに、走るのが楽しい、お腹も空くから食事も楽しい！って相乗効果ですね。

三津家　だから、楽しいと思える

▲高校3年生のときインターハイで6位入賞しました。このころは800mの中距離が専門

◀今の活動を始める前から一緒に走っている市民ランナーチームの“健ちゃん練”が開催したイベント。ランニングの楽しさをいつも感じられる素敵な仲間です！

▲東京マラソン2024に出場。2時間28分7秒（グロスタイム）で自己ベストを更新しました！

挑戦して、2時間47分で完走できました！ 初めてイベントで行ったのが鹿児島で、みなさんすごく優しくて、フルのデビューはここ！って決めていました。三津家さんは今までたくさん大会に出てますが、思い出に残っている場所はありますか？

三津家　全国いろんなところの大会に参加させてもらってるけど、地元の熊本城マラソン、愛媛マラソン、水戸黄門漫遊マラソンがす

▲大学4年生。日本選手権800mの決勝に進出しました。日常的に自分を追い込む練習や食事制限もしていました。

きると思うから、短い時間で良いから、まずはその楽しさを感じてほしいな。

志村　旅行気分で食事も楽しむ、良いですよね～。私、食べるのが大好きなので、我慢できなくて…。三津家さんは何か食事で気をつけていることありますか？

三津家　ない！（笑）何かを我慢したり、制限するのが本当に嫌なんだよね…。ストレスになってしまって悪循環だと思うから、食べ

▶人生初めてのフルマラソンを経験！ 大好きな鹿児島で思い出深いレースができました。

◀世界遺産姫路城マラソンのスペシャルランナーとして走りました！ 世界遺産としても知られているので、街を走るのが楽しかった！

かどうかって本当に大事で、週に1回でも良いから1、2か月続けてみてほしい。きっと心も変わるし、体も引き締まっていきますよ。ダイエット目的で始めたランニングが、趣味になったり、走ることが楽しくなって女性のランニング人口が増えたらうれしいな！ ん～やってみよう！って思ったら、動きを頭で覚えて、体を動かす楽しさを実感してほしい！

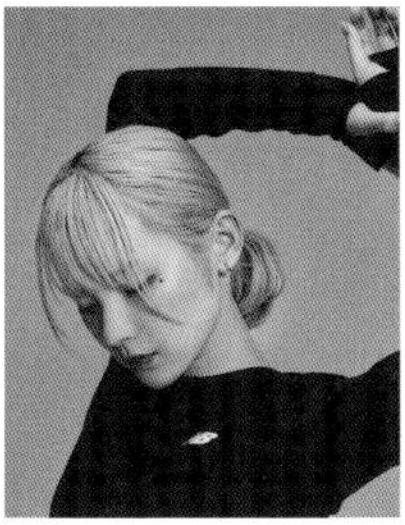

▶いくつかのブランドのモデルをさせていただいています。今後もランニングの魅力をたくさんの人に伝える活動をしていきたいです。

おわりに

　今回『はじめてのやせラン』を2冊目の著書として書かせていただきました。前作の『がんばらないランニング』では専門的な内容で、より速く楽に走ることを中心にまとめましたが、今作はより楽しくやせようということで、ランニングをしたことがない人にも届けられる内容にまとめました。

“走ること＝人と速さを競う”ではありません。

　学生の時から持久走の授業では人と競わされ、「喋るな」、「追い込め」と言われてきた方も多いのではないでしょうか？　実はランニングはそのようなキツくて苦しいものではありません。自身の健康のために、成長を実感するために、自己実現のために、など人との競走以外にも楽しさや魅力がたくさんあります。その楽しさに気づいてもらうためのヒントがたくさん書かれています。

　僕自身、人と競うランニングを辞めてから、心の底からランニングが好きになりました。みんなの苦手意識やネガティブなイメージも払拭したい。この本がみんなの新しい「やってみよう」を応援する1冊になったらと思います。

お尻《しり》を使《つか》ってゆるく走《はし》るだけ
はじめてのやせラン

2024年 5 月22日　初版発行

著者／三津家《みつか》 貴也《たかや》

発行者／山下 直久

発行／株式会社KADOKAWA
〒102-8177　東京都千代田区富士見2-13-3
電話　0570-002-301（ナビダイヤル）

印刷所／大日本印刷株式会社

製本所／大日本印刷株式会社

●お問い合わせ
https://www.kadokawa.co.jp/（「お問い合わせ」へお進みください）
※内容によっては、お答えできない場合があります。
※サポートは日本国内のみとさせていただきます。
※Japanese text only

定価はカバーに表示してあります。

ISBN 978-4-04-606909-2　C0075